Öffentliche Übernahmen in Indien – Ein Praxishandbuch

Benjamin Parameswaran

Öffentliche Übernahmen in Indien – Ein Praxishandbuch

Springer

Dr. Benjamin Parameswaran
Hengeler Mueller
Partnerschaft von Rechtsanwälten
Benrather Straße 18 - 20
40213 Düsseldorf
benjamin.parameswaran@hengeler.com

ISBN 978-3-642-00133-8 e-ISBN 978-3-642-00134-5

DOI 10.1007/978-3-642-00134-5

Bibliografische Information der Deutschen Nationalbibliothek
Die Deutsche Nationalbibliothek verzeichnet diese Publikation in der Deutschen Nationalbibliografie; detaillierte bibliografische Daten sind im Internet über http://dnb.d-nb.de abrufbar.

Einbandgestaltung: WMXDesign GmbH, Heidelberg

Gedruckt auf säurefreiem Papier

9 8 7 6 5 4 3 2 1

springer.de

Vorwort

Die indische Wirtschaft boomt mit jährlichen Wachstumsraten von über 9 %.[1] Indische Unternehmen generieren Rekordgewinne und expandieren massiv. Die konsumkräftige Mittelschicht wächst jeden Monat um eine Million Menschen. Die ausländischen Direktinvestitionen erreichten im Jahr 2007 mit 25 Milliarden US-Dollar ihren vorläufigen Höchststand. Für 2008 werden 40 Milliarden US-Dollar prognostiziert.[2] Zum Vergleich: Fünf Jahre zuvor waren es nur vier Milliarden US-Dollar. Insbesondere deutsche Unternehmen haben Indien als einen der Absatzmärkte der Zukunft erkannt und sind dort zunehmend aktiv.[3]

Sind die Wachstumsraten der indischen Wirtschaft bereits beeindruckend, so werden sie von den Wachstumsraten im indischen M&A-Geschäft noch um ein Vielfaches übertroffen: Das Dealvolumen für Inbound-Transaktionen im Jahr 2006 stieg im Vergleich zum Vorjahr um knapp 40 %; das Dealvolumen 2007 ist knapp dreimal so hoch wie in 2006. M&A-Aktivitäten deutscher Unternehmen in Indien konzentrierten sich bislang überwiegend auf Akquisitionen nicht börsennotierter Unternehmen. In der M&A-Beratungspraxis häufen sich nunmehr Fälle, in denen u.a. deutsche Unternehmen ihren Markteintritt auf dem Subkontinent durch die Übernahme eines börsennotierten indischen Unternehmens vollziehen. Wie in Deutschland unterliegt auch in Indien die Übernahme börsennotierter Unternehmen einem besonderen Regelungsregime, welches in diesem Praxishandbuch im Überblick dargestellt werden soll.

Die Tatsache, dass sich dieses Praxishandbuch mit dem Regime für Unternehmensübernahmen in Indien und damit mit einem Ausschnitt des indischen Inbound-Geschäfts befasst, soll nicht den Blick auf das bedeutende indische Outbound M&A-Geschäft verschließen. Indische Unternehmen sind mittlerweile zu Key Playern bei Akquisitionen auf der ganzen Welt geworden. Exemplarisch sei nur auf die Übernahme des europäischen Stahlgiganten Corus durch Tata Steel in 2006/2007, den Kauf von Novelis durch den Alu-

---

1 Es ist davon auszugehen, dass die indische Wirtschaft auch über die nächsten Jahrzehnte – jedenfalls bis 2050 – weiterhin mit hohen Wachstumsraten von jährlich 5 % und mehr wachsen wird, vgl. *Goldman Sachs*, Global Economics Paper No. 99: Dreaming with BRICs: The Path to 2050 (2003), S. 4, online abrufbar unter http://www2.goldmansachs.com/ideas/brics/book/99-dreaming.pdf.

2 Vgl. Business Standard, FDI Likely to Swell to USD 40 bn, 26. August 2008.

3 Bis zum Jahre 2025 wird Indien zum weltweit fünftgrößten Konsumgütermarkt avancieren, vgl. McKinsey Global Institute, The ‚Bird of Gold': The Rise of India's Consumer Market (2007), online abrufbar unter http://www.mckinsey.com/mgi/publications/india_consumer_market/index.asp.

miniumkonzern Hindalco in 2007, den Erwerb der britischen Traditionsmarken Jaguar und Land Rover durch Tata Motors in 2008 sowie die Übernahme des Hamburger Windanlagenbauers REpower durch Suzlon in 2007 – der erste erfolgreiche Übernahmekampf eines indischen Bieters für eine deutsche Zielgesellschaft – genannt, die eindrucksvoll belegen, dass Globalisierung keine Einbahnstrasse ist.

Dieses Praxishandbuch entstand im Rahmen meiner Tätigkeit bei der indischen Wirtschaftsrechtskanzlei Amarchand & Mangaldas & Suresh A. Shroff & Co., Mumbai. Für seine berufliche und persönliche Unterstützung während meiner Zeit in Mumbai bin ich Cyril Shroff (Managing Partner von Amarchand & Mangaldas & Suresh A. Shroff & Co.) zu großem Dank verpflichtet. Für ihre stetige Diskussionsbereitschaft und vielfältige Anregungen gebührt auch den folgenden Kollegen Dank: Nivedita Rao, Gurpreet Ashar, Karan Pahwa, Shruti Mehta und Arka Banerjee (sämtlichst Amarchand & Mangaldas & Suresh A. Shroff & Co.), Amita Choudary (derzeit Cravath, Swaine & Moore, New York) und Dr. Rainer Krause (Hengeler Mueller, Düsseldorf) sowie den weiteren Mitgliedern des Hengeler Mueller India Desk.

Mumbai / Düsseldorf, im Dezember 2008

Benjamin Parameswaran

Inhaltsverzeichnis

Abkürzungsverzeichnis

ADR(s)	American Depository Receipt(s)
AktG	Aktiengesetz
Bhagwati Committee	Komitee unter der Leitung von P. N. Bhagwati zur Überarbeitung der Takeover Regulations 1994
Bhagwati Report	Abschließender Bericht des Bhagwati Committee
BSE	Bombay Stock Exchange
Delisting Guidelines	Securities and Exchange Board of India (Delisting of Securities) Guidelines, 2003
DIP Guidelines	Securities and Exchange Board of India (Disclosure and Investor Protection) Guidelines, 2000
DIPP	Department of Industrial Policy and Promotion des Ministeriums für Industrie und Handel
FDI	Foreign Direct Investment – ausländische Direktinvestitionen
FEMA	Foreign Exchange Management Act, 1999
FEMA 20	Foreign Exchange Management (Transfer or Issue of Security by a Person Resident Outside India) Regulations, 2000
FII(s)	Foreign Institutional Investor(s) or their sub-accounts
FIPB	Foreign Investment Promotion Board des Finanzministeriums
FVCI(s)	Foreign Venture Capital Investor(s)
GDR(s)	Global Depository Receipt(s)
NSE	National Stock Exchange
PAC(s)	Person(s) Acting in Concert
RBI	Reserve Bank of India
SAT	Securities Appellate Tribunal
SEBI	Securities and Exchange Board of India
Takeover Regulations	Securities and Exchange Board of India (Substantial Acquisition of Shares and Takeovers) Regulations, 1997
Takeover Regulations 1994	Securities and Exchange Board of India (Substantial Acquisition of Shares and Takeover) Regulations, 1994

WpÜG	Wertpapiererwerbs- und Übernahmegesetz
WpÜG-AngVO	Verordnung über den Inhalt der Angebotsunterlage, die Gegenleistung bei Übernahmeangeboten und Pflichtangeboten und die Befreiung von der Verpflichtung zur Veröffentlichung und zur Abgabe eines Angebots

A. Einleitung

Nachdem die Kapitalbeteiligung ausländischer Investoren an indischen Unternehmen über lange Zeit auf höchstens 40 % (später auf höchstens 51 % in ausgewählten Bereichen) beschränkt war und zudem nahezu jede nennenswerte unternehmerische Tätigkeit unter einen Genehmigungsvorbehalt gestellt wurde (sog. licence permit raj) – mit weitreichenden negativen Folgen für die indische Volkswirtschaft insgesamt –, hat die seit 1991 verfolgte sog. New Industrial Policy[1] das Regime für ausländische Direktinvestitionen (Foreign Direct Investment – **FDI**) in Indien sukzessive verbessert und es zu einem in weiten Teilen liberalen Regime fortentwickelt.[2] In vielen Wirtschaftssektoren ist FDI heute bis zu einer Beteiligungshöhe von 100 % genehmigungsfrei möglich.

Für die richtige Form des Markteintritts ausländischer Investoren in Indien lassen sich keine allgemeingültigen Aussagen treffen. Vereinfacht dargestellt stehen ausländischen Investoren für die Verfolgung ihrer geschäftlichen Interessen in Indien zwei Wege offen: Sie können zum einen durch eine indische Gesellschaft in Form eines Joint Venture oder einer 100 %igen Tochtergesellschaft tätig werden. Zum anderen können sie als ausländische Gesellschaft durch Errichtung eines Verbindungsbüros, eines Projektbüros oder einer unselbstständigen Zweigniederlassung in Indien aktiv sein.[3] Die konkrete Entscheidung ist anhand der Umstände des Einzelfalls zu treffen. Hier spielen insbesondere die Besonderheiten des betroffenen Wirtschaftssektors sowie die finanziellen und personellen Ressourcen des Investors eine Rolle.

Der „schnelle Weg" nach Indien durch Erwerb eines indischen Unternehmens (inkl. Kundenstamm, Vertriebskanäle, im Markt etablierter Marke etc.) dürfte dabei in der näheren Zukunft immer mehr an Bedeutung gewinnen. Es wird erwartet, dass Indien in den kommenden Jahren zu einem der weltweit

---

1 Einen Überblick über die wesentlichen Reformen bietet *Pillay* (Hrsg.), Doing Business in India (2004), S. 69 ff.

2 Die Unternehmensberatung A.T. Kearney bewertet Indien heute nach China auf Platz 2 der attraktivsten Investitionsziele weltweit, vgl. *A.T. Kearney*, New Concerns in an Uncertain World – The 2007 A.T. Kearney Foreign Direct Investment Confidence Index, S. 1 ff., online abrufbar unter http://www.atkearney.com/shared_res/FDICI_2007.pdf. Auch die United Nations Conference on Trade and Development (UNCTAD) verortet Indien auf Platz 2 der beliebtesten Investitionsziele transnationaler Unternehmen in den kommenden Jahren, *UNCTAD*, World Investment Prospects Survey 2007–2009 (2007), S. 2, online abrufbar unter http://www.unctad.org/en/docs/wips2007_en.pdf.

3 Wenn es nur um den Vertrieb von Produkten geht, kann sich die Einschaltung von Handelsvertretern (Agent) oder von Vertragshändlern (Distributor / Stockist) anbieten. Unter Umständen kann auch die Lizenzierung von Patenten oder Produkten oder ein Franchisekonzept die geeignete rechtliche Struktur darstellen.

wichtigsten M&A-Ziele avanciert.[4] In wichtigen Bereichen wie dem Einzelhandelssektor und dem Bankwesen steht eine substantielle Marktöffnung noch aus. Das sprunghafte Wachstum des M&A-Geschäfts in Indien verdeutlichen auch die folgenden Zahlen: Gab es im Jahr 2005 219 Anteilskäufe ausländischer Gesellschaften in Indien mit einem Gesamtvolumen von etwa 8 Milliarden US-Dollar, waren es in 2006 bereits 305 Transaktionen mit einem Gesamtvolumen von über 11,1 Milliarden US-Dollar.[5] 2007 verdreifachte sich das Gesamtvolumen des Inbound-Geschäfts nahezu im Vergleich zu 2006 auf etwa 31,5 Milliarden US-Dollar.[6]

Dabei kommt es zunehmend auch zum Erwerb börsennotierter indischer Unternehmen durch ausländische, insbesondere auch durch deutsche Investoren. So übernahm beispielsweise der Druckfarbenspezialist Huber Group im Jahre 2005 die Mehrheit an der indischen börsennotierten Aktiengesellschaft Micro-Inks. HeidelbergCement erwarb 2006 die Mehrheit an dem indischen börsennotierten Zementhersteller Mysore Cements. Das Gase- und Engineeringunternehmen Linde stockte 2008 (über ihr britisches Tochterunternehmen BOC Group) die Mehrheitsbeteiligung an der börsennotierten BOC India auf. Akquisitionen börsennotierter Unternehmen, die in Deutschland unter das Wertpapiererwerbs- und Übernahmegesetz (**WpÜG**)[7] fallen würden, unterliegen in Indien einem speziellen Regelungsregime, nämlich den Securities and Exchange Board of India (**SEBI**) (Substantial Acquisition of Shares and Takeovers) Regulations, 1997 (**Takeover Regulations**).

Dieses Praxishandbuch gibt nach einer Darstellung des allgemeinen indischen FDI Regimes (B.) einen Überblick über den Ablauf öffentlicher Übernahmen nach indischem Recht anhand der wesentlichen Bestimmungen der Takeover Regulations (C.).

---

[4] Die bislang größte Inbound-Transaktion war die in 2007 erfolgte Übernahme des viertgrößten indischen Mobilfunkanbieters Hutchison Essar durch Vodafone für 11,1 Milliarden US-Dollar, s. hierzu *Lambert*, Vodafone: Hutchison Essar on Track to Close, Daily Deal (29. März 2007), online abrufbar unter http://thedeal.com.

[5] *Dealogic*, abgedruckt in IFLR, Mai 2007, S. 16.

[6] *Thomson Financial*, abgedruckt in *Tucker*, China and India deliver on M&A promise, online abrufbar unter http://www.rediff.com/money/2007/dec/21india.htm.

[7] BGBl. I 2001, S. 3822 ff. Hinweis für Nichtjuristen: Der Gesetzestext in der aktuell gültigen Fassung ist online abrufbar unter http://bundesrecht.juris.de/bundesrecht/wp_g/gesamt.pdf.

B. Beschreibung des indischen FDI Regimes

Vorfrage eines jeden Investments und damit auch einer jeden Übernahme eines börsennotierten indischen Unternehmens durch einen ausländischen (z.B. deutschen) Investor ist, ob das indische FDI Regime das geplante Investment in der beabsichtigten Beteiligungshöhe – mit oder ohne Genehmigung – zulässt.

I. Behördliche Zuständigkeiten

Die für FDI zuständigen indischen Stellen sind zum einen die indische Regierung und zum anderen die Reserve Bank of India (**RBI**). Die indische Regierung handelt in Ausführung ihrer Regelungskompetenz im Bereich Industrial Policy durch das Department of Industrial Policy and Promotion (**DIPP**) des Ministeriums für Industrie und Handel und durch das Foreign Investment Promotion Board (**FIPB**) des Finanzministeriums. Das DIPP verabschiedet Richtlinien (sog. Policies), welche bestimmen, ob und in welcher Höhe und unter welchen Voraussetzungen ausländische Investitionen zulässig sind. Der Regelungsgehalt der FDI Policies unterliegt ständigen Veränderungen, die in sog. Press Notes des DIPP reflektiert werden.[8] Das FIPB ist für die Implementierung der FDI Policies verantwortlich.[9] Die Kompetenzen der RBI folgen insbesondere aus dem Foreign Exchange Management Act, 1999 (**FEMA**), wonach die RBI sog. Regulations und Circulars erlässt. Im FDI Kontext befasst sich die RBI insbesondere mit Preisbildungsthemen.

---

[8] Sämtliche DIPP Press Notes sind online unter http://www.dipp.nic.in/ abrufbar.

[9] Aus Praktikersicht ist anzumerken, dass RBI Regulations / Circulars einerseits und DIPP Press Notes andererseits zum Teil nicht aufeinander abgestimmt sind oder sich sogar widersprechen. Der regulatorische Rahmen für FDI (mit RBI und DIPP als voneinander unabhängige Stellen mit sich überschneidenden Zuständigkeiten) entwickelt sich parallel zur indischen Volkswirtschaft, die ständigen Reformen unterliegt. Bestehen im Einzelfall Unklarheiten, empfiehlt es sich, diese unmittelbar mit RBI und FIPB (dem die Auslegung der DIPP Policies obliegt) abzustimmen.

II. Systematik des indischen FDI Regimes

Eine vorherige behördliche Registrierung ausländischer Investoren, die unter dem geltenden FDI Regime (sog. FDI Route) investieren wollen,[10] ist nicht erforderlich. Nach indischem Recht beurteilt sich die Zulässigkeit von FDI nach Wirtschaftssektoren und nach der angestrebten Beteiligungsquote. In den meisten Wirtschaftssektoren sind ausländische Direktinvestitionen heute bis zu einer Beteiligungshöhe von 100 % erlaubt. Das früher übliche aufwändige, meist langwierige förmliche Genehmigungsverfahren ist in vielen Bereichen ersatzlos gestrichen worden.

Vereinfacht lassen sich drei Kategorien unterscheiden:

- Zum einen gibt es Wirtschaftssektoren, in denen FDI grundsätzlich unerwünscht und daher gänzlich unzulässig ist (Prohibited Category).[11] Dies stellt die Ausnahme dar.
- Zum anderen gibt es Wirtschaftssektoren, in denen FDI ohne weitere Genehmigungserfordernisse bis zu einer Beteiligungshöhe von 100 % „automatisch" zulässig ist (Automatic Route).
- Schließlich gibt es Bereiche, in denen FDI zwar grundsätzlich zulässig, jedoch (in manchen Wirtschaftssektoren u.U. auch erst ab einer bestimmten Beteiligungshöhe) von einer förmlichen Einzelfallgenehmigung abhängig ist (Approval Route).[12]

Der Einzelhandelssektor (außer Handel mit Artikeln unter einheitlicher Marke) ist beispielsweise ein Wirtschaftsbereich, welcher derzeit nicht für ausländische Direktinvestitionen zugänglich ist. In der IT-Industrie hingegen ist FDI unter der *Automatic Route* bis zu einer Beteiligungsquote von 100 % zulässig. Beabsichtigt ein ausländischer Investor eine Beteiligung an einem indischen Mobilfunkunternehmen, hängt die Frage der Genehmigungspflicht des Investments von der angestrebten Beteiligungshöhe ab: Bis zu einer Beteiligung von 49 % kann der ausländische Investor genehmigungsfrei unter

---

[10] Investments durch bei SEBI und RBI registrierte ausländische institutionelle Investoren (Foreign Institutional Investors or their sub-accounts – **FIIs**) und ausländische Venture Capital Investoren (Foreign Venture Capital Investors – **FVCIs**) sollen im Rahmen dieses Praxishandbuchs unberücksichtigt bleiben. Die Ausführungen in diesem Buch beschränken sich auf ausländische Direktinvestitionen (FDI).

[11] Aktuell sind insbesondere folgende Bereiche von einem FDI-Verbot betroffen: Einzelhandel (außer Handel mit Artikeln unter einheitlicher Marke); Atomenergie; Lotteriewesen; Glücksspiel und Wetten, vgl. DIPP Press Note 7 (2008 Series) vom 16. Juni 2008, Annex. Derzeit ist allerdings Bewegung im Atomenergiesektor, der unter Umständen schon bald für ausländische Direktinvestitionen zugänglich sein wird, vgl. etwa *Dhoot/Airy*, Bill to Open N-Business to Private Sector Soon, The Financial Express, 17. September 2008, S. 1f.

[12] Die Verfahrensdauer beträgt regelmäßig ein bis zwei Monate.

der Automatic Route investieren, während er für eine Quote von 49 % bis 74 % die Approval Route wählen muss und einer Genehmigung durch das FIPB bedarf; eine ausländische Beteiligung von mehr als 74 % ist im Mobilfunksektor derzeit nicht zulässig.[13]

[13] Vgl. Master Circular on Foreign Investment in India vom 1. Juli 2008 (RBI/2008-2009/15, Master Circular No. 02/2009-09), Annex 1.

III. Beispiele für einige Wirtschaftssektoren

Die folgende Tabelle fasst das derzeit geltende FDI Regime für einige bedeutsame Wirtschaftssektoren zusammen:[14]

Wirtschaftssektor	**FDI ohne Genehmigung unter der Automatic Route zulässig bis zu Beteiligungshöhe von**	**Einschränkungen**
IT-Industrie	100 %	Keine
Privates Bankwesen	5 %	FDI erlaubt bis zu einer Beteiligungshöhe von 74 % Genehmigung durch die RBI erforderlich für Beteiligungen über 5 %
Finanzunternehmen ohne Bankerlaubnis	100 %	Mindestkapitalisierung erforderlich
Versicherungen	26 %[15]	Lizenz der Insurance Regulatory & Development Authority erforderlich Über eine Beteiligungshöhe von 26 % hinaus ist derzeit kein FDI im Versicherungsbereich gestattet
Telekommunikation	49 %[16]	FDI erlaubt bis zu einer Beteiligungshöhe von 74 %; Genehmigung durch das FIPB erforderlich für Beteiligung über 49 %
Erdöl / Erdgas	100 %	In Public Sector Petroleum Refining Companies ist FDI bis zu einer Beteiligungshöhe von 49 % erlaubt
Energieunternehmen	100 %	Genehmigungspflichten bestehen im Bereich Atomenergie
Pharmaunternehmen	100 %	Keine
Printmedien	0 %	Printmedien im Nachrichtensegment: FDI bis zu 26 % mit Genehmigung durch das FIPB Wissenschaftliche Magazine / Fachzeitschriften / Periodika: FDI bis zu 100 % möglich mit Genehmigung durch das FIPB
Flughäfen	100 % bei Greenfield Projekten 74 % bei bestehenden Flughäfen	Bestehende Flughäfen: FDI mit einer Beteiligungshöhe von mehr als 74 % bedarf der Genehmigung durch das FIPB
Lufttransportdienstleistungen (inländisch, Linienflüge)	100 % für NRIs[17] 49 % für alle anderen	Keine direkte oder indirekte Kapitalbeteiligung ausländischer Fluglinien gestattet

[14] Darstellung auf Grundlage von *Amarchand & Mangaldas*, Doing Business in India, 4. Aufl. (2008), S. 34-44, des Master Circular on Foreign Investment in India vom 1. Juli 2008 (RBI/2008-2009/15, Master Circular No. 02/2009-09), Annex 1 sowie von DIPP Press Note 7 (2008 Series).

[15] Die indische Regierung hat die sog. Insurance Amendment Bill initiiert, wonach FDI im Versicherungsbereich zukünftig von 26% auf 49% angehoben werden soll. Es wird allgemein erwartet, dass das indische Parlament der Gesetzesänderung noch in 2008 zustimmt.

[16] Die Herstellung von Telekommunikationsequipment ist bis zu einer Beteiligungshöhe von 100 % unter der Automatic Route gestattet.

[17] NRI: Non-Resident Indian.

Die vorgenannten Beschränkungen gelten gleichermaßen für von Ausländern kontrollierte indische Holdinggesellschaften. Es ist folglich sicherzustellen, dass sämtliche Downstream Investments solcher Gesellschaften in Übereinstimmung mit dem jeweils anwendbaren indischen FDI Regime erfolgen.[18]

IV. Sonderfälle

In Abweichung von den allgemeinen FDI Regeln gibt es Fälle, in denen ein ausländischer Investor unabhängig vom betroffenen Wirtschaftssektor und von der angestrebten Beteiligungshöhe stets einer Genehmigung durch das FIPB bedarf:

- So ist eine Genehmigung immer dann erforderlich, wenn der ausländische Investor in dem durch das geplante Investment betroffenen Geschäftsbereich („same field" of activity) bereits ein Joint Venture mit einem indischen Partner betreibt, das bereits am 12. Januar 2005 bestand.[19] Besteht kein Joint Venture in *demselben* Geschäftsbereich oder wurde ein solches erst nach dem 12. Januar 2005 gegründet, gelten die allgemeinen FDI Regeln, ohne dass besondere Genehmigungserfordernisse greifen.[20] Die vormals geltende Regelung,[21] wonach geplante Direktinvestitionen schon dann einer speziellen Genehmigung durch das FIPB bedurften, wenn der ausländische Investor über ein bestehendes Joint Venture in einem *verwandten* Geschäftsbereich („allied field" of activity) verfügte, ist durch Press Notes 1 und 3 (2005 Series) außer Kraft gesetzt worden. Bedarf es im Einzelfall einer speziellen Genehmigung durch das FIPB, weil der ausländische Investor eine Direktinvestition in demselben Geschäftsbereich tätigen will, in dem er bereits über ein Joint Venture verfügt, das bereits am 12. Januar 2005 bestand, ist gegenüber dem FIPB darzulegen, dass die Interessen des bestehenden Joint Venture Partners hinreichend gewahrt wer-

---

[18] Zur neuen umstrittenen Rechtsfigur der sog. Operating-Cum-Holding Company, s. sogleich.

[19] Vgl. DIPP Press Notes 1 (2005 Series) und 3 (2005 Series). Für die Frage, ob bereits vor dem 12. Januar 2005 ein Joint Venture in demselben Geschäftsbereich („in the same field") besteht, ist der vierstellige National Industrial Classification (NIC) 1987 Code maßgeblich, vgl. DIPP Press Note 3 (2005 Series), Ziffer 2. Einer Genehmigung durch das FIPB bedarf es nach den genannten DIPP Press Notes ebenfalls, wenn der ausländische Investor bereits am 12. Januar 2005 Partei eines Technology Transfer oder Trademark Agreements in demselben Geschäftsbereich war. Ausnahmen von der Genehmigungspflicht bei Bestehen entsprechender Aktivitäten in demselben Geschäftsbereich am 12. Januar 2005 bestehen laut DIPP Press Note 1 (2005 Series) (i) bei Investments durch Venture Capital Funds, (ii) wenn eine Partei an dem bestehenden Joint Venture mit weniger als 3 % beteiligt ist, oder (iii) bei Insolvenz / Erlöschen des bestehenden Ventures.

[20] Restriktionen können sich dann allenfalls aus dem Joint Venture Agreement selbst ergeben, wenn dieses sog. Conflict of Interest Klauseln enthält, die den Partnern Wettbewerbsbeschränkungen auferlegen.

[21] DIPP Press Note 18 (1998 Series).

den.[22] In der Praxis geschieht dies meist durch Beibringung eines vom indischen Joint Venture Partner ausgestellten sog. No Objection Certificates.[23] Zu beachten ist in diesem Zusammenhang, dass die Beschränkungen nicht dadurch umgangen werden können, dass die neue Investition nicht durch dieselbe Gesellschaft, sondern durch eine andere Konzerngesellschaft getätigt wird. Investments durch verbundene Unternehmen werden als Investments durch denselben ausländischen Investor betrachtet.

- Erhebliche Rechtsunsicherheit besteht derzeit im Hinblick auf ein spezielles Genehmigungserfordernis bei sog. Operating-Cum-Holding Companies. Das FIPB vertritt neuerdings die Ansicht, dass indische Unternehmen, an denen ein ausländischer Investor in irgend einer Form direkt beteiligt ist (unabhängig von der Beteiligungshöhe), für jegliche Downstream Investments (unabhängig von Wirtschaftssektor und Beteiligungshöhe) der vorherigen Genehmigung durch das FIPB bedürfen. Ein spezielles Genehmigungserfordernis soll auch für ausländische Direktinvestitionen bestehen, wenn bei der indischen Zielgesellschaft irgendwelche Downstream Investments (wiederum unabhängig von Wirtschaftssektor und Beteiligungshöhe) existieren. Da dies bei einer Vielzahl potenzieller Zielgesellschaften der Fall sein dürfte, droht ein solches Verständnis die Vorzüge von Investitionen unter der Automatic Route zu unterlaufen.[24] Laut FIPB soll eine klarstellende Press Note die Unsicherheiten beseitigen.[25]

- Ausländische Investoren bedürfen für Direktinvestitionen in Wirtschaftsbereichen, für die eine Lizenz nach dem Industrial (Development and Re-

---

[22] DIPP Press Note 1 (2005 Series): „The onus to provide requisite justification as also proof to the satisfaction of the Government that the new proposal would or would not in any way jeopardize the interests of the existing joint venture or technology / trademark partner or other stakeholders would lie equally on the foreign investor / technology supplier and the Indian partner."

[23] In der Beratungspraxis wird seit langem empfohlen, bereits bei Gründung eines Joint Venture im Joint Venture Agreement eine Klausel zu inkorporieren, die den indischen Partner verpflichtet, im Bedarfsfall ein No Objection Certificate zu erteilen. Es bestehen allerdings Unsicherheiten, ob derartige Verpflichtungen durchsetzbar sind. Hier dürften im Ergebnis die Umstände des Einzelfalls entscheidend sein.

[24] Bislang bedurfte es auf Grundlage von DIPP Press Notes 3 (1997 Series) und 9 (1999 Series) nur dann einer Genehmigung des FIPB, wenn FDI bzgl. einer reinen Holdinggesellschaft, die sich zu 100 % in ausländischer Hand befindet, geplant war. Downstream Investments einer solchen Gesellschaft bedurften nach DIPP Press Note 9 (1999 Series) dann keiner Genehmigung durch das FIPB, wenn sie unter die Automatic Route fielen und die in dieser Press Note genannten Beschränkungen eingehalten wurden. Eine Genehmigungspflicht bestand ferner bei FDI bzgl. reiner Holdinggesellschaften (auch ohne ausländische Beteiligung), da solche Gesellschaften regelmäßig als sog. Non-Banking Financial Companies (**NBFCs**) zu qualifizieren sind (zu den Voraussetzungen, vgl. RBI Press Release vom 8. April 1999); für reine Holding-NBFCs gilt das Privileg der Automatic Route aber nicht.

[25] Eine förmliche Press Note zu diesem Thema war bei Drucklegung noch nicht verfügbar.

gulation) Act, 1951[26] erforderlich ist, zugleich einer Genehmigung durch das FIPB.[27] Allerdings sind mittlerweile kaum noch wirtschaftlich relevante Sektoren von diesem Genehmigungserfordernis betroffen.

- Eine vorherige Genehmigung durch das FIPB ist ferner erforderlich, wenn sich ein ausländischer Investor mit mehr als 24 % am Kapital eines indischen Unternehmens beteiligen will, das im Bereich der Herstellung von Produkten tätig ist, die für das Kleinunternehmersegment (Small Scale Sector) reserviert sind.[28]

Die Übertragung von Geschäftsanteilen / Aktien an einem bestehenden indischen Unternehmen von Resident an Non-Resident bedarf als solche grundsätzlich mittlerweile keiner Genehmigung mehr durch FIPB und RBI,[29] wenn der hierfür gezahlte Kaufpreis in einer Geldleistung besteht.[30] Bis vor wenigen Jahren benötigten ausländische Investoren für solche Akquisitionen stets einer behördlichen Genehmigung durch FIPB und RBI, und zwar selbst dann, wenn in dem betroffenen Wirtschaftssektor an sich keinerlei Beschränkungen existierten.[31] Allein der Übertragungsvorgang löste ipso facto eine Genehmigungspflicht aus. Mit RBI Circular No. 16 vom 4. Oktober 2004 und DIPP Press Note 4 (2006 Series) vom 10. Februar 2006 wurde dieses Genehmigungserfordernis aufgehoben.[32]

In folgenden Fällen bedarf die Veräußerung von Geschäftsanteilen / Aktien von einem indischen Resident an einen ausländischen Investor (Non-Re-

---

[26] Der Gesetzestext ist online abrufbar unter http://labour.delhigovt.nic.in/.

[27] Vgl. etwa FEMA, Schedule I, Ziff. 2(i).

[28] Die aktuelle Liste der für den Small Scale Sector reservierten Produkte ist online abrufbar unter http://msme.gov.in/.

[29] RBI A.P. (DIR Series) Circular No. 16 v. 4. Oktober 2004 und DIPP Press Note 4 (2006 Series) vom 10. Februar 2006.

[30] Nach Auffassung der RBI gilt die Befreiung in Anlehnung an die FEMA Definition von „transfer“ (Ziff. 2(z)(ze)) nur für transfer of shares „by way of sale“, wobei „sale“ als „sale in cash“ (Geldleistung) im Gegensatz etwa zu transfer by exchange (Aktien als Gegenleistung) verstanden wird.

[31] Vgl. etwa DIPP Press Note 2 (2000 Series) vom 11. Februar 2000: The “Government, on review of the policy on FDI, has decided to place all items / activities under the automatic route for FDI/NRI and OCB investment except the following: [...] (iii) All proposals relating to acquisition of shares in an existing Indian company in favour of a foreign/NRI/OCB investor.”

[32] RBI Circular No. 16 vom 4. Oktober 2004: „As a measure of further simplification of procedures, it has been decided to grant general permission and do away with the requirement of prior approval of Reserve Bank for transfer of shares and convertible debentures”. DIPP Press Note 4 (2006 Series) vom 10. Februar 2006: “To allow under the automatic route transfer of shares from residents to non-residents in financial services, and where Securities & Exchange Board of India (Substantial Acquisition and Takeover) Regulations are attracted, in cases where approvals are required from the Reserve Bank of India/ Securities & Exchange Board of India (Substantial Acquisition and Takeover) Regulations /Insurance Regulatory & Development Authority. With this, transfer of shares from residents to non-residents, including acquisition of shares in an existing company would be on the automatic route subject to sectoral policy on FDI.”

sident) nach den Foreign Exchange Management (Transfer or Issue of Security by a Person Resident Outside India) Regulations, 2000[33] **(FEMA 20)** i. V. m. RBI Circular No. 16 vom 4. Oktober 2004 der Genehmigung durch die RBI:

- Der für die Geschäftsanteile / Aktien gezahlte Kaufpreis liegt unterhalb des Wertes, der sich auf Grundlage der im Einzelfall einschlägigen von der RBI erlassenen Mindestpreisregelungen ergibt.[34]
- Die Übertragung von Aktien fällt in den Regelungsbereich der Takeover Regulations.[35]
- Die Übertragung von Geschäftsanteilen / Aktien betrifft eine indische Gesellschaft, die im Finanzdienstleistungssektor tätig ist.[36]

---

[33] Notification No. FEMA 20/2000-RB vom 3. Mai 2000.

[34] FEMA 20 Ziff. 10(A)(b)(iii) i. V. m. RBI A.P. (DIR Series) Circular No. 16 vom 4. Oktober 2004. Ein Genehmigungserfordernis durch die RBI greift auch dann ein, wenn der Erwerb vollzogen wird, ohne dass die durch die RBI erlassenen Mitteilungspflichten eingehalten werden. Die RBI-Mindestpreisregelungen, die bei der Übertragung von Geschäftsanteilen / Aktien von einem indischen Resident an einen Non-Resident greifen, sind im Annex zu RBI A.P. (DIR Series) Circular No. 16 vom 4. Oktober 2004 enthalten. Danach darf der Kaufpreis nicht unter folgenden Mindestwerten liegen: „(a) the ruling market price, in case the shares are listed on stock exchange, (b) fair valuation of shares done by a Chartered Accountant as per the guidelines issued by the erstwhile Controller of Capital Issues, in case of unlisted shares." Zu den Mindestpreisregelungen bei Übernahmeangeboten, vgl. ausführlich unten C.V.2.

[35] FEMA 20 Ziff. 10(A)(b)(ii) i. V. m. RBI A.P. (DIR Series) Circular No. 16 vom 4. Oktober 2004. Zum Anwendungsbereich der Takeover Regulations, vgl. unten C.

[36] FEMA 20 Ziff. 10(A)(b)(i) i. V. m. RBI A.P. (DIR Series) Circular No. 16 vom 4. Oktober 2004 und Master Circular on Foreign Investment in India vom 1. Juli 2008 (RBI/2008-2009/15, Master Circular No. 02/2009-09), Ziffer 21. Finanzdienstleistungen werden dabei wie folgt definiert: „service rendered by banking and non-banking companies regulated by the Reserve Bank, insurance, companies regulated by Insurance Regulatory and Development Authority (IRDA) and other companies regulated by any other financial regulator as the case may be". Inwiefern das gesonderte Genehmigungserfordernis bei der Übertragung von Geschäftsanteilen / Aktien im Bereich der Finanzdienstleistungen durch die RBI tatsächlich besteht, wird nicht ganz einheitlich beantwortet. Die zitierten RBI Dokumente nehmen den „financial service sector" ausdrücklich von der Genehmigungsfreiheit aus. Andererseits widerspricht dies der eindeutigen Intention der DIPP Press Note 4 (2006 Series) vom 10. Februar 2006. Aus Praktikersicht sollte derzeit von einem Genehmigungserfordernis durch die RBI ausgegangen werden.

V. Abwicklung und Rechtsfolgen bei Verstößen

Im Hinblick auf die Abwicklung einer Übertragung von Aktien eines börsennotierten Unternehmens ist folgendes zu beachten: Im Falle der Veräußerung von einem indischen Aktionär an einen ausländischen Investor kann die Übertragung ohne vorherige Genehmigung durch die RBI nur *außerbörslich* erfolgen.[37] Will ein ausländischer Investor seine Direktinvestitionen über die Börse tätigen, bedarf er hierzu der vorherigen Genehmigung durch die RBI.[38] Für eine spätere Veräußerung seiner Aktien über eine indische Börse bedarf der ausländische Investor keiner weiteren Genehmigung.[39] Erwirbt ein ausländischer Investor Geschäftsanteile / Aktien von einem anderen ausländischen Investor, so können die Parteien den Preis grundsätzlich frei vereinbaren, ohne dass hierfür eine vorherige Genehmigung eingeholt werden muss.[40]

Für den Verkäufer liegt der entscheidende Vorteil einer Veräußerung seiner Aktien über die Börse darin begründet, dass für solche Transaktionen lediglich eine Wertpapiertransaktionssteuer (Securities Transaction Tax) in Höhe von 0,125 % des Transaktionswertes anfällt[41], während Gewinne durch außerbörsliche Geschäfte mit Aktien der Kapitalertragssteuer (Capital Gains Tax) in Höhe von 20 %[42] unterliegen.

---

37 RBI A.P. (DIR Series) Circular No. 16 vom 4. Oktober 2004: „transfer of shares [...] by way of sale under private arrangement". Die RBI interpretiert „private arrangement" restriktiv als private arrangement *off the stock exchange*, vgl. auch nachfolgende Fußnote zu Bulk Deals / Block Deals.

38 Nach dem Verständnis der RBI werden von diesem Genehmigungserfordernis auch sog. Bulk Deals oder Block Deals erfasst, obwohl solche Transaktionen auf einer privatautonomen außerbörslichen Vereinbarung beruhen und in einem gesonderten Trading Window erfolgen. Vgl. zu Bulk Deals / Block Deals: SEBI Circulars SEBI/MRD/SE/Cir-7/2004 vom 14. Januar 2004 und MRD/DoP/SE/Cir-19/05 vom 2. September 2005, online abrufbar unter http://www.sebi.gov.in.

39 Vgl. Master Circular on Foreign Investment in India v. 1. Juli 2008 (RBI/2008-2009/15, Master Circular No. 02/2009-09), Ziffer 21.

40 *Amarchand & Mangaldas*, Doing Business in India, S. 27. Sonderregeln gelten, wenn der Erwerber schon über ein Joint Venture / Technology Transfer Agreement / Trademark Agreement in demselben Geschäftsbereich verfügt, das bereits am 12. Januar 2005 bestand, vgl. hierzu bereits oben B. IV.

41 Zu beachten ist, dass dies nur dann zutrifft, wenn es sich um ein Long-Term Investment handelt, d.h. eine Mindesthaltezeit von mehr als 12 Monaten eingehalten wird. Anderenfalls fällt auch bei einem Verkauf über die Börse zusätzlich Kapitalertragssteuer in Höhe von 15 % (zzgl. Surcharge und Education Cess) an.

42 Dieser Steuersatz (zzgl. Surcharge und Education Cess) findet Anwendung, wenn der Veräußerer eine Mindesthaltezeit von mehr als 12 Monaten erfüllt (sog. Long-Term Capital Gains); ist die Mindesthaltedauer von mehr als 12 Monaten nicht erfüllt, liegt der Steuersatz bei einem außerbörslichen Verkauf bei 30 % (zzgl. Surcharge und Education Cess) (sog. Short-Term Capital Gains), wenn es sich bei dem Veräußerer um einen indischen Resident handelt.

Abschließend sei noch darauf hingewiesen, dass die strikte Befolgung des FDI-Regimes nicht nur aus allgemeinen Compliance-Erwägungen, sondern auch finanziell von hoher Relevanz ist: Section 13 FEMA bestimmt, dass dem ausländischen Investor bei Verstößen gegen das FDI-Regime u.a. Geldbußen in Höhe des dreifachen Betrages der Investitionssumme auferlegt werden können.

C. Erwerb börsennotierter Unternehmen in Indien

Während öffentliche Übernahmeangebote eine in verschiedenen Rechtsordnungen bereits seit längerer Zeit verbreitete Technik der Unternehmensakquisition sind, hatten sie in Indien – ähnlich wie früher auch in Deutschland – lange Zeit nur eine geringe Bedeutung. In Indien dürfte sich dies insbesondere durch die Aktionärsstruktur der Mehrzahl börsennotierter Gesellschaften erklären, die regelmäßig dadurch gekennzeichnet ist, dass signifikante Beteiligungen von Mitgliedern der Gründerfamilien (sog. Promoters) gehalten werden, die bis vor einigen Jahren kein Interesse an einer Mehrheitsbeteiligung eines (ausländischen) Investors hatten. Diese Besonderheit hinsichtlich der Aktionärsstruktur einer Vielzahl indischer Unternehmen mag auch eine Erklärung dafür sein, dass es in Indien bislang kaum feindliche Übernahmen – d.h. solche, die nicht in Abstimmung mit dem Management der Zielgesellschaft stattfinden – gegeben hat.[43] Betrachtet man beispielsweise die Beteiligungsstruktur[44] der BSE-500-Gesellschaften[45], zeigt sich, dass die Promoterbeteiligung an diesen Powerhouses der indischen Volkswirtschaft bei durchschnittlich 49 % liegt. Weniger als 9 % der Promoter haben Beteiligungen von unter 25 %.[46] Mit der sukzessiven Liberalisierung des indischen Marktes und dem stetig steigenden Interesse ausländischer (insbesondere auch deutscher) Investoren ist die Bedeutung öffentlicher Übernahmen in Indien in den vergangenen Jahren indes sprunghaft gewachsen.

---

[43] Der erste prominente, letztendlich gescheiterte Versuch einer feindlichen Übernahme in Indien war die Übernahme der Gesellschaften Escorts Limited und DCM durch den englischen Geschäftsmann Swaraj Paul im Jahre 1984, also lange Zeit vor Inkrafttreten der Takeover Regulations, vgl. hierzu *Tambi*, Indian Takeover Code: In Search of Excellence (A Case Study Approach), Economic Papers vom 15. April 2005, online verfügbar unter http://www.econpapers.repec.org/paper/wpawuwpma/0504021.htm.

[44] Die Beteiligungsstruktur einer indischen börsennotierten Gesellschaft lässt sich anhand des sog. Shareholding Pattern nachvollziehen, das auf den Websites der beiden größten indischen Börsen, der Bombay Stock Exchange (**BSE**) unter http://www.bseindia.com und der National Stock Exchange (**NSE**) unter http://www.nseindia.com, abrufbar ist.

[45] BSE-500 ist ein Aktienindex der Bombay Stock Exchange, der 500 anhand ihrer Marktkapitalisierung selektierte indische Unternehmen aus verschiedenen Wirtschaftssektoren abbildet. Die im BSE-500 Index enthaltenen Gesellschaften repräsentieren nahezu 93 % der gesamten Marktkapitalisierung der BSE.

[46] Vgl. *Mathew*, Hostile Takovers in India: New Prospects, Challenges, and Regulatory Opportunities, Columbia Business Law Review 2007, 800 (833).

I. SEBI (Substantial Acquisition of Shares and Takeover) Regulations, 1997

Die ersten übernahmespezifischen Regelungen erließ SEBI im Jahr 1994 in Form der SEBI (Substantial Acquisition of Shares and Takeover) Regulations, 1994 (**Takeover Regulations 1994**),[47] die allerdings weder der Komplexität der Übernahmesituation noch den praktischen Erfordernissen des Kapitalmarktes hinreichend Rechnung trugen und in diversen Bereichen lückenhaft waren. Im November 1995 wurde dann auch ein Komitee unter der Leitung von P. N. Bhagwati[48] (**Bhagwati Committee**) mit der Überarbeitung der Takeover Regulations 1994 beauftragt. Das Bhagwati Committee veröffentlichte im Jahr 1996 seinen Report (**Bhagwati Report**),[49] der die Grundlage für die im Februar 1997 vom SEBI erlassenen neuen Takeover Regulations bildete, welche die Takeover Regulations 1994 ablösten. Die Takeover Regulations, die seit ihrem Inkrafttreten am 20. Februar 1997 mehrfach geändert wurden,[50] bilden heute die Rechtsgrundlage für öffentliche Übernahmen börsennotierter Unternehmen in Indien.[51]

II. Ziele der Takeover Regulations

Primäres Ziel der Takeover Regulations ist die Schaffung von Rahmenbedingungen für Unternehmensübernahmen und andere öffentliche Angebote zum Erwerb von Wertpapieren. Der Finanzplatz Indien soll durch ein geordnetes Angebotsverfahren im internationalen Wettbewerb gestärkt werden. Dabei sind die Interessen von Investoren an einem übernahmefreundlichen Regime einerseits und die Rechte von Minderheitsaktionären andererseits in einen angemessenen Ausgleich zu bringen.[52] Wie im deutschen Übernahmrecht spielen im Hinblick auf einen effektiven Schutz der Minderheitsaktionäre auch unter Geltung des indischen Übernahmeregimes der Gleichbehandlungsgrundsatz, das Transparenzgebot und das Erfordernis der Verlässlichkeit öffentlicher Angebote eine entscheidende Rolle.[53]

---

[47] Der Vollständigkeit halber sei darauf hingewiesen, dass die indische Rechtsprechung vor Inkrafttreten der Takeover Regulations 1994 bereits gewisse quasi-übernahmerechtliche Maßnahmen zum Schutz von Minderheitsaktionären aus Section 250 des indischen Companies Act, 1956 sowie aus Clauses 40 (a.F.), 40A und 40B des Listing Agreement (vgl. hierzu unten, C.V.3.) hergeleitet hat.

[48] Vormals Vorsitzender Richter des Supreme Court of India.

[49] Der Bhagwati Report ist online verfügbar unter http://www.sebi.gov.in.

[50] Im Jahr 2002 wurde das Bhagwati Committee erneut einberufen, um Vorschläge für weitere Reformen des indischen Übernahmerechts zu unterbreiten, vgl. Report of the Reconvened Committee on Substantial Acquisitions of Shares and Takeovers vom Mai 2002, online abrufbar unter http://www.takeovercode.com/uploads/com_reports/PN%20Bhagwati%20report%202002.pdf.

[51] Eine konsolidierte Fassung des Takeover Code ist auf der Website des SEBI unter http://www.sebi.gov.in abrufbar.

[52] Vgl. Part I des Bhagwati Report.

III. Systematik der Takeover Regulations

Die Takeover Regulations unterscheiden zunächst ähnlich wie das deutsche Übernahmerecht Pflichtangebote (Mandatory Open Offers) und freiwillige öffentliche Erwerbsangebote (Voluntary Open Offers).[54] Anders als das WpÜG, das in den §§ 10 ff. WpÜG zunächst Grundregeln definiert, die für alle Arten von Angeboten gelten, und dann in den §§ 29 ff. und 35 ff. WpÜG Sonderregelungen für Übernahme- und Pflichtangebote beinhaltet, kennt das indische Übernahmerecht grundsätzlich keine regulatorischen Unterschiede für die verschiedenen Angebotsarten und -situationen. Insbesondere existiert in Indien nicht die aus Deutschland bekannte Privilegierung einfacher Erwerbsangebote (keine Mindestpreisregelungen etc.). Das Pflichtangebot ist sowohl in den Takeover Regulations als auch in der indischen Übernahmepraxis der Regelfall.

Zu beachten ist, dass die Takeover Regulations nicht nur im Falle eines unmitelbaren Erwerbs von Stimmrechten an einer börsennotierten indischen Gesellschaft Anwendung finden. Sie greifen auch dann ein, wenn Anteile an einem Unternehmen (börsennotiert oder nicht börsennotiert) erworben werden, das wiederum (direkt oder indirekt) Aktien einer börsennotierten indischen Gesellschaft hält.[55] Für Gesellschaften mit einer (erheblichen) Beteili-

---

[53] Vgl. Part I, Ziffer 1.2 des Bhagwati Report.

[54] Die in Kapitel IV der Takeover Regulations (Regulations 30 ff.) behandelten sog. Bail Out Takeovers, die den Fall der Akquisition eines wirtschaftlich schwachen Unternehmens (Financially Weak Company) behandeln, spielen in der Praxis keine Rolle und bleiben deshalb im Rahmen dieses Praxishandbuchs unberücksichtigt.

[55] Vgl. etwa Regulations 2(1)(o) und 3(1)(k) i. V. m. der dazugehörigen Anmerkung (Explanation). Im Falle des mittelbaren Erwerbs einer börsennotierten indischen Gesellschaft weichen die für ein öffentliches Angebot einzuhaltenden Fristen von den allgemeinen Vorschriften ab. Wie zu errechnen ist, ob durch den Erwerb (eines Anteils an) der Obergesellschaft bestimmte Stimmrechtsschwellen bei der börsennotierten Untergesellschaft überschritten werden und hierdurch Regelungen des Takeover Code zur Anwendung kommen, ist nicht abschließend geklärt. In der Praxis kommen zwei Wege in Betracht: (1) Nach einer weiteren Auffassung ist ein einfacher sog. Proportionality Test durchzuführen: Hiernach ist die Beteiligung des neuen Gesellschafters an der Obergesellschaft ins Verhältnis zur Höhe der Beteiligung der Obergesellschaft an der Untergesellschaft zu setzen. Beispiel: Erwirbt der neue Gesellschafter 43 % an der Obergesellschaft, die wiederum zu 50 % an der börsennotierten indischen Untergesellschaft beteiligt ist, ergibt der Proportionality Test, dass der Gesellschafter mittelbar mit 43 % an der 50 %-Beteiligung, und damit durchgerechnet mit 21,5 %, an der börsennotierten Gesellschaft beteiligt ist. Da der Gesellschafter damit durch den Erwerb der Obergesellschaft mittelbar die 15 %-Schwelle an der Untergesellschaft überschreitet, ist er grundsätzlich zur Abgabe eines Pflichtangebots gezwungen. (2) Nach einer engeren Auffassung ist kein Proportionality Test anzuwenden; allein maßgeblich ist die unmittelbare Beteiligungshöhe der mittelbar erworbenen Gesellschaft an der indischen Zielgesellschaft. Beispiel: Erwirbt der neue Gesellschafter 43 % an der Obergesellschaft, die wiederum zu 50 % an der börsennotierten indischen Untergesellschaft beteiligt ist, sind allein diese 50 % für die Bestimmung des Stimmrechtsanteils der Obergesellschaft maßgeblich. Auch in diesem Beispiel ist ein Pflichtangebot abzugeben.

gung an einer börsennotierten indischen Gesellschaft kann dies faktisch als Übernahmeschutz wirken.

1. Pflichtangebote

Nach den Takeover Regulations kann die Verpflichtung zur Abgabe eines Pflichtangebots aus dem Erwerb einer substantiellen Anzahl von Stimmrechten der Zielgesellschaft (Regulations 10 und 11[56]) und / oder aus einem Kontrollerwerb (Regulation 12) folgen.[57] Dabei schließen sich die verschiedenen Vorschriften, nach denen ein Pflichtangebot abzugeben ist, nicht aus. Es ist durchaus denkbar, dass die Verpflichtung zur Abgabe eines Pflichtangebots aus mehreren Regulations gleichzeitig folgt.[58]

Mit der konzeptionellen Unterscheidung des Haltens einer substantiellen Anzahl von Stimmrechten einerseits und der Erlangung von Kontrolle andererseits geht das indische Übernahmerecht einen deutlich anderen Weg als das WpÜG. Die Systematik des WpÜG folgt dem Kontrollkonzept; welche Angebotsart im Einzelfall einschlägig ist und welche Vorschriften zur Anwendung gelangen, hängt entscheidend mit dem Kontrollbegriff zusammen. Kontrolle wird in § 29 Abs. 2 WpÜG streng formal definiert als das Halten von mindestens 30 % der Stimmrechte an der Zielgesellschaft. Ist das Angebot des Bieters nicht auf den Erwerb von Kontrolle gerichtet oder kontrolliert er die Zielgesellschaft bereits, finden die Vorschriften zum freiwilligen einfa-

---

[56] Regulations ohne Gesetzesbezeichnung sind solche der Takeover Regulations.

[57] Regulation 3 definiert bestimmte Fälle, in denen die Angebotspflichten der Takeover Regulations keine Anwendung finden, u.a.: Übertragungen zwischen sog. Qualifying Promoters; Übertragungen zwischen Verwandten („Relatives“ im Sinne von Section 6 des indischen Companies Act, 1956); konzerninterne Umhängungen; Erwerb im üblichen Geschäftsbetrieb durch Börsenhändler für Rechnung des Kunden, durch Banken als Pfandgläubiger etc.; Erwerb durch Erbschaft; Erwerb aufgrund eines Scheme of Arrangement. Erscheint die Angebotspflicht in anderen Fällen unbillig, gewährt Regulation 4 dem Bieter die Möglichkeit, bei SEBI einen Antrag auf Befreiung von den Pflichten nach den Takeover Regulations zu stellen. Der grobe Ablauf eines Befreiungsverfahrens stellt sich wie folgt dar: Zunächst reicht der Bieter bei SEBI einen schriftlichen Antrag auf Befreiung ein, in dem die Hintergründe der den Anwendungsbereich der Takeover Regulations eröffnenden Umstände sowie die für eine Befreiung sprechenden Gründe aufgezeigt werden. Zusammen mit dem Antrag hat der Bieter eine Gebühr von INR 100.000 (derzeit ca. EUR 1,650) zu entrichten. SEBI hat den Antrag des Bieters innerhalb von fünf Tagen nach Antragseingang an das zuständige Takeover Panel (dieses besteht mehrheitlich aus unabhängigen Experten) zu übermitteln. Das Takeover Panel hat dann 15 Tage Zeit, um eine Entscheidungsempfehlung an das SEBI abzugeben. SEBI entscheidet daraufhin – meist nach Anhörung der betroffenen Parteien – innerhalb von 30 Tagen über den Befreiungsantrag.

[58] Schwierigkeiten ergeben sich hieraus grundsätzlich nicht, da die anwendbaren Bestimmungen der Takeover Regulations für alle Angebotsarten identisch sind. Erwirbt ein Investor beispielsweise im Paket die Stimmrechtsmehrheit an einer Zielgesellschaft, an der er zuvor nicht beteiligt war, ist er sowohl nach Regulation 10 als auch nach Regulation 12 zur Abgabe eines Pflichtangebots an die Minderheitsaktionäre der Zielgesellschaft verpflichtet. Das daraufhin abgegebene Angebot ist ein Angebot nach Regulations 10 *und* 12.

chen Erwerbsangebot Anwendung (§§ 10 ff. WpÜG). Hat der Bieter noch keine Kontrolle und will diese durch sein öffentliches Angebot erwerben, handelt es sich um ein freiwilliges Übernahmeangebot nach §§ 29 ff. WpÜG. Erwirbt der Bieter nicht im Rahmen eines öffentlichen Angebots sondern anderweitig erstmalig Kontrolle über die Zielgesellschaft, ist er nach §§ 35 ff. WpÜG zur Abgabe eines öffentlichen Pflichtangebots verpflichtet.

a) Pflichtangebot aufgrund Stimmrechtsanteil

Eine Verpflichtung zur Abgabe eines Pflichtangebots kann sich nach Regulations 10 und 11 beim Erwerb einer substantiellen Anzahl von Stimmrechten an einer börsennotierten indischen Gesellschaft ergeben. Aus Regulations 10 und 11 folgt, dass für die Verpflichtung zur Abgabe eines Pflichtangebots der Erwerb von Stimmrechten (Voting Rights), nicht von Aktien (Shares) entscheidend ist. Die Stimmrechte müssen tatsächlich ausübbar sein. Dies ist etwa der Fall beim Erwerb von Stammaktien (Equity Shares), während der Kauf stimmrechtsloser Vorzugsaktien (Preference Shares) keine Angebotspflicht auslösen kann. Auch die Verpfändung stimmberechtigter Aktien löst keine Angebotspflicht aus. Wandelinstrumente (z.B. Wandelanleihen, Convertible Bonds, Global Depository Receipts (**GDRs**), American Depository Receipts (**ADRs**)[59]) bewirken erst im Zeitpunkt ihrer Umwandlung in stimmberechtigte Aktien eine Angebotspflicht.[60] Entsprechendes gilt im Falle von Optionen; auch hier kann es nach Auffassung des SEBI erst im Zeitpunkt der Ausübung der Option zu einer Angebotspflicht kommen.

Zu beachten ist, dass nicht nur der Erwerb der Stimmrechte als solcher (d.h. das Verfügungsgeschäft, etwa die Übertragung von Stammaktien), sondern bereits die schuldrechtliche Verpflichtung zum Erwerb von Stimmrechten (d.h. das zugrundeliegende Verpflichtungsgeschäft, etwa der Kaufvertrag über die Stammaktien) eine Angebotspflicht auslöst.[61] In der Beratungspraxis kommt es immer wieder zu Fällen, in denen bereits durch Term Sheets und vergleichbare Erklärungen im Vorfeld der eigentlichen Transaktion entgegen den Vorstellungen der Parteien Angebotspflichten entstehen.

Für die Berechnung der Stimmrechtsschwellen nach den Takeover Regulations sind – wie auch nach § 30 WpÜG – nicht nur die von einem Aktionär unmittelbar gehaltenen Stimmrechte maßgeblich. Regulations 10 und 11 be-

---

[59] Für GDRs und ADRs folgt dies ausdrücklich aus Regulation 3(2).

[60] Erwirbt ein Bieter Aktien und Wandelinstrumente ist er – bei Überschreiten der maßgeblichen Schwellen – zur Abgabe eines weiteren öffentlichen Angebots verpflichtet, wenn er die Wandelinstrumente nach Ablauf der Annahmefrist in Aktien umwandelt. Dies gilt auch dann, wenn er dies bereits in der Angebotsdokumentation offen gelegt hat.

[61] Im Hinblick darauf, dass Optionen – wie eben dargestellt – erst im Zeitpunkt ihrer Ausübung zu einer Angebotspflicht führen können, existiert hier ein logischer Bruch, da der eine Angebotspflicht auslösende Kaufvertrag faktisch wie eine kombinierte Put-/ Call-Option wirkt.

stimmen, dass es bei der Berechnung des Stimmrechtsanteils auf die Stimmen des Bieters „together with persons acting in concert with him“ ankommt. Regulation 2(1)(e)(1) definiert „person acting in concert“ als solche Personen, die ihre Handlungen zur Erreichung eines gemeinsamen Ziels in irgend einer Form – direkt oder indirekt, formell oder informell – im Hinblick auf den Erwerb von Stimmrechten der oder Kontrolle über die Zielgesellschaft abstimmen (**PAC(s)**).[62] Neben den Fällen der Verfolgung gemeinsamer Ziele und / oder eines formellen / informellen Arrangements (z.B. eines Shareholders Agreement[63]) gibt es Fälle, in denen eine Zurechnung von Stimmrechten aufgrund allgemeiner Lebenserfahrung („human experience“) vorgenommen wird und die PAC-Eigenschaft widerlegbar vermutet wird, etwa bei familiären Bindungen zwischen Aktionären. Regulation 2(1)(e)(2) stellt für bestimmte (nicht abschließende) Konstellationen eine solche widerlegbare Vermutung auf (sog. Deemed PACs), etwa bei verbundenen Unternehmen oder bei Unternehmen mit personellen Verflechtungen auf Managementebene.[64]

Die Angebotssystematik der Takeover Regulations stellt sich beim Erwerb einer substantiellen Anzahl von Stimmrechten schematisch wie folgt dar:[65]

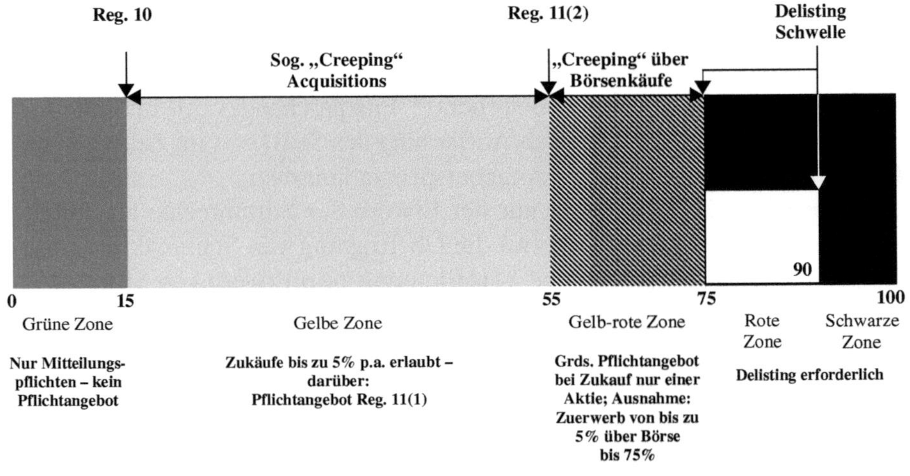

---

[62] Regulation 2(1)(e)(1): „’person acting in concert’ comprises, – (1) persons who, for a common objective or purpose of substantial acquisition of shares or voting rights or gaining control over the target company, pursuant to an agreement or understanding (formal or informal), directly or indirectly co-operate by acquiring or agreeing to acquire shares or voting rights in the target company or control over the target company.”

[63] SEBI tendiert derzeit dazu, bei Vorliegen irgendeiner Art von Shareholders Agreement stets die PAC-Eigenschaft anzunehmen.

[64] Nach der SEBI-Praxis ist die PAC-Eigenschaft kontinuierlich zu überprüfen. Eine einmal begründete PAC-Eigenschaft bedeutet keineswegs, dass diese auf Dauer bestehen bleiben muss. Ändert sich die Tatsachengrundlage, auf der die PAC-Eigenschaft begründet wurde, kann abhängig von den Umständen des Einzelfalls auch die PAC-Eigenschaft wegfallen.

[65] Grafik angelehnt an *Amarchand & Mangaldas*, Mergers & Acquisitions in India – A Primer (2008), S. 64.

Überschreitet ein Bieter (Acquirer[66]) die Stimmrechtsschwellen von 5 %, 10 %, 14 %, 54 % oder 74 % an einer börsennotierten indischen Gesellschaft, hat er dies nach Regulation 7(1) sowohl der jeweiligen Gesellschaft als auch den Börsen[67], an denen die Aktien der Gesellschaft notiert sind, binnen zwei Tagen nach Überschreitung der Meldeschwellen mitzuteilen. Ähnlich wie die Mitteilungspflicht nach § 21 WpHG dient dies als eine Art Frühwarnsystem, durch das sowohl die Gesellschaft als auch der Kapitalmarkt über die veränderten Beteiligungsverhältnisse informiert wird.[68]

Bis zu einer Beteiligung von unter 15 % bestehen lediglich die erwähnten Mitteilungspflichten nach Regulation 7(1). Wird die Schwelle von 15 % erreicht oder überschritten, ist der Aktionär zur Abgabe eines Pflichtangebots (sog. Mandatory Open Offer) an die Minderheitsaktionäre für mindestens weitere 20 %[69] der Aktien der Zielgesellschaft nach Regulation 10 verpflichtet.

Hält der Aktionär zwischen 15 % und 55 % der Stimmrechte der Zielgesellschaft, kann er in jedem Geschäftsjahr vom 1. April bis 31. März weitere 5 % der Stimmrechte hinzuerwerben, ohne ein weiteres Pflichtangebot abgeben zu müssen (sog. Creeping Acquisitions).[70] Erwirbt er in einem Geschäftsjahr mehr als 5 % der Stimmrechte der Zielgesellschaft, ist er zur Abgabe eines weiteren Pflichtangebots an die Minderheitsaktionäre für mindestens weitere 20 %[71] der Aktien der Zielgesellschaft nach Regulation 11(1) verpflichtet.

Hält ein Aktionär mindestens 55 % der Stimmrechte jedoch weniger als 75 % / 90 % der Stimmrechte (je nachdem, welche Delistingschwelle Anwendung findet[72]), löste bis Ende Oktober 2008 bereits der Zukauf einer einzigen Aktie stets eine Verpflichtung des Aktionärs zur Abgabe eines Pflichtangebots an die Minderheitsaktionäre für mindestens weitere 20 %[73] der Aktien der Zielgesellschaft nach Regulation 11(2) aus. Diese Regelung

---

66 Regulation 2(1)(b): „'acquirer' means any person who, directly or indirectly, acquires or agrees to acquire shares or voting rights in the target company, or acquires or agrees to acquire control over the target company, either by himself or with any person acting in concert with the acquirer".

67 Nach Regulation 7(2A) sind die Börsen zur unverzüglichen Veröffentlichung der vom Bieter übersandten Information verpflichtet.

68 Regulation 8 verpflichtet Aktionäre, die mehr als 15 % der Stimmrechte halten, sowie sämtliche Promoter der Gesellschaft oder Personen, die Kontrolle über die Gesellschaft ausüben, zu kontinuierlichen jährlichen Mitteilungen über den von ihnen gehaltenen (oder ihnen zurechenbaren) Stimmrechtsanteil.

69 Regulation 21(1).

70 Hierbei ist zu beachten, dass Regulation 7(1A) dem Aktionär bei Creeping Acquisitions von 2 % oder mehr der Stimmrechte sowie bei Veräußerung von 2 % oder mehr der Stimmrechte Mitteilungspflichten gegenüber der Zielgesellschaft und den Börsen, an denen die Aktien der Zielgesellschaft notiert sind, auferlegt.

71 Regulation 21(1).

72 Vgl. hierzu unten, C.V.3.

73 Regulation 21(1).

hat das SEBI kürzlich gelockert[74]: Nach der Neuregelung kann auch ein Aktionär, der zwischen 55 % und 75 % der Stimmrechte hält, nunmehr bis zu 5 % der Stimmrechte der Zielgesellschaft durch börsliche Zukäufe hinzuerwerben, ohne hierdurch eine Angebotspflicht auszulösen.[75]

b) Pflichtangebot aufgrund Kontrollerwerbs

Die Verpflichtung eines Aktionärs zur Abgabe eines Pflichtangebots kann neben den beschriebenen Fällen des Erwerbs einer substantiellen Anzahl von Stimmrechten auch aus einem Kontrollerwerb über die börsennotierte Zielgesellschaft folgen. Regulation 12 stellt klar, dass Kontrolle nicht durch Stimmrechte vermittelt sein muss. Regulation 2(1)(c) definiert „Control" wie folgt:

> „*'control' shall include the right to appoint majority of the directors or to control the management or policy decisions exercisable by a person or persons acting individually or in concert, directly or indirectly, including by virtue of their shareholding or management rights or shareholders agreements or voting agreements or in any other manner*"

Die Praxis folgt hinsichtlich des so umrissenen Kontrollbegriffs einer sehr weiten Auslegung, die wenig formalisiert ist und stark auf die Umstände des Einzelfalls abstellt. Neben einer Mehrheitsbeteiligung, die dem Aktionär die Möglichkeit zur Bestellung einer Mehrheit der Mitglieder des Managements gewährt (vergleichbare Wertung wie beim Abhängigkeitsbegriff des § 17 Aktiengesetz – **AktG**), vermittelt danach bereits jegliches Sonderrecht, durch welches ein Aktionär gegenüber anderen Aktionären bevozugt behandelt wird, Kontrolle. Dadurch unterscheidet sich der indische Kontrollbegriff erheblich von dem des WpÜG, der streng formal auf das Halten von mindestens 30 % der Stimmrechte abstellt.

Vom indischen Kontrollbegriff erfasst wird sowohl de facto als auch de jure Kontrolle. SEBI hat jüngst die Auffassung vertreten, dass beispielsweise sog. Affirmative Veto Rights, die einem Aktionär etwa aufgrund eines Shareholders' Agreement das Recht geben, bestimmte Beschlüsse zu verhindern (häufig als negative Kontrolle bezeichnet), bereits Kontrolle vermitteln, so dass ein Aktionär mit einem solchen Sonderrecht – unabhängig davon, ob er

---

[74] SEBI Notification No. LAD-NRO/GN/2008/26/142801, veröffentlicht in The Gazette of India, Extraordinary, Part III Section 4, New Delhi, vom 30. Oktober 2008.

[75] Der Wortlaut der Neuregelung ist unzulänglich und lässt verschiedene Fragen offen: (i) Unklar ist, ob sich die Erlaubnis des Zuerwerbs über die Börse auf bis zu 5 % insgesamt, auf bis zu 5 % pro Erwerbsvorgang oder auf bis zu 5 % pro Geschäftsjahr (wie Regulation 11(1), siehe oben) bezieht. Am wahrscheinlichsten dürfte letztere Lesart sein. (ii) Unklar ist ferner, ob der Hinzuerwerb über die Börse tatsächlich nur bis zur Schwelle von 75 % zulässig ist oder bis zur jeweils anwendbaren Delistingschwelle (75 % oder 90 %). Vgl. zum unklaren Wortlaut auch „SEBI Goes the Distance in Easing Takeover Regulations", in: The Economic Times vom 11. November 2008.

irgendwelche Stimmrechtsschwellen überschreitet oder nicht – zur Abgabe eines Pflichtangebots nach Regulation 12 verpflichtet ist. Folgt man SEBI und lässt jedes Sonderrecht genügen, löst auch eine Klausel, die einen einzelnen Aktionär vor Verwässerung schützt (sog. Anti-Dilution Right), eine Angebotspflicht aus. Auch bloße Gepflogenheiten, beispielsweise eine Praxis, wonach einem Aktionär unabhängig von seinem Stimmrechtsanteil traditionell das Recht zur Bestellung einer bestimmten Anzahl von Mitgliedern eines Gremiums zusteht, können Kontrolle vermitteln.

Erlangt ein Aktionär Kontrolle in diesem Sinne über eine indische börsennotierte Zielgesellschaft, ist er zur Abgabe eines Pflichtangebots an die Minderheitsaktionäre für mindestens weitere 20 %[76] der Aktien der Zielgesellschaft verpflichtet. Die Verpflichtung nach Regulation 12 besteht nicht, wenn der Kontrollwechsel auf der Grundlage eines besonderen Hauptversammlungsbeschlusses[77] der Aktionäre der Zielgesellschaft erfolgt.[78] Derartige „Whitewash" Beschlüsse, die auch der London City Code kennt, sind dem deutschen Recht fremd. Zu beachten ist jedoch, dass die in Indien mögliche Befreiung durch die (Mehrheit der) Aktionäre ausschließlich für die Angebotspflicht aufgrund eines Kontrollwechsels (Regulation 12), nicht hingegen für die Angebotspflicht aufgrund des Stimmrechtsanteils (Regulations 10 und 11) gilt. Damit ist die Befreiungsmöglichkeit durch die Hauptversammlung nur in solchen Fällen relevant, in denen es ohne den Erwerb einer substantiellen Anzahl von Stimmrechten zu einem Kontrollwechsel kommt (z.B. durch Shareholders Agreement). Kommt es zu einem Kontrollwechsel aufgrund Stimmrechtserwerb, ist der Erwerber stets zur Abgabe eines Pflichtangebots an die Minderheitsaktionäre nach Regulation 10 oder 11 verpflichtet.

2. Freiwillige Angebote

Wie das deutsche Übernahmerecht kennen auch die Takeover Regulations neben den Pflichtangeboten freiwillige Angebote (Voluntary Open Offers). Anders als unter Geltung des WpÜG unterliegen die freiwilligen Angebote in Indien allerdings keinen anderen Regeln als Pflichtangebote. Die regulatorischen Rahmenbedingungen sind in Indien für sämtliche Angebotsarten identisch.

---

[76] Regulation 21(1).

[77] Bei einem solchen Beschluss muss den Aktionären die Möglichkeit der schriftlichen Stimmabgabe gewährt werden.

[78] Regulation 12 Satz 2: „Provided that nothing contained herein [Regulation 12] shall apply to any change in control which takes place in pursuance to a special resolution passed by the shareholders in a general meeting."

Freiwillige öffentliche Erwerbsangebote treten in folgenden Konstellationen auf:

- Beabsichtigt ein Aktionär mit einer Beteiligung von unter 15 % an einer börsennotierten Gesellschaft den Ausbau seiner Beteiligung auf über 15 %, kann er dies durch ein freiwilliges öffentliches Erwerbsangebot nach Regulation 10 erreichen. Ein solches Angebot entspricht konzeptionell dem freiwilligen Übernahmeangebot nach §§ 29 ff. WpÜG mit dem Unterschied, dass die maßgebliche Stimmrechtsschwelle nach deutschem Übernahmerecht bei 30 % statt bei 15 % liegt. Nach Regulation 21(1) muss ein solches freiwilliges Angebot nach Regulation 10 für mindestens 20 % der Aktien der Zielgesellschaft erfolgen.
- Liegt die Stimmrechtsbeteiligung eines Aktionärs an einer börsennotierten Gesellschaft zwischen 55 % und der für die betreffende Gesellschaft maßgeblichen Delisting-Schwelle (75 % oder 90 %)[79], gewährt Regulation 11(2A) dem Aktionär die Möglichkeit, seine Beteiligung durch ein freiwilliges Angebot an die Minderheitsaktionäre der Gesellschaft bis zur Delisting-Schwelle zu konsolidieren. In Abweichung von Regulation 21(1), wonach öffentliche Angebote regelmäßig für mindestens 20 % des stimmberechtigten Kapitals der Gesellschaft erfolgen müssen, bietet dieses freiwillige Konsolidierungsangebot dem Mehrheitsaktionär die Möglichkeit, ein Teilangebot für genau die Anzahl stimmberechtigter Aktien abzugeben, die er benötigt, um eine Beteiligung von 75 % / 90 % zu erreichen.[80]
- Anders als das WpÜG (§§ 10 ff. WpÜG) kennen die Takeover Regulations kein freiwilliges einfaches Erwerbsangebot, mit dem der Bieter den Erwerb einer Beteiligung von weniger als 15 % der Stimmrechte an der Zielgesellschaft zu erreichen beabsichtigt. Soweit ein Aktionär den Erwerb einer Beteiligung von unter 15 % beabsichtigt, steht es ihm frei, ausserhalb eines öffentlichen Angebots entsprechende Käufe zu tätigen. Insoweit obliegen ihm nur die bereits erwähnten Mitteilungspflichten nach Regulation 7(1), wonach er das Überschreiten der Stimmrechtsschwellen von 5 %, 10 % und 14 % sowohl der jeweiligen Zielgesellschaft als auch den Börsen, an denen die Aktien der Zielgesellschaft notiert sind, binnen zwei Tagen nach Überschreitung der Meldeschwellen mitzuteilen hat.

---

[79] S. dazu unten, C.V.3.

[80] Vgl. auch Regulation 21(3).

IV. Ablauf des öffentlichen Angebots

Im Folgenden soll der typische zeitliche Ablauf eines öffentlichen Angebots in Indien dargestellt werden.

1. Vorbereitungsphase

a) Beauftragung des Merchant Banker

Der erste – dem eigentlichen Angebotsprozess vorgelagerte – Schritt des Bieters ist die Beauftragung des Merchant Banker durch den Bieter, Regulation 13. Der Merchant Banker muss über eine sog. Category I Registration im Sinne der Merchant Banker Regulations verfügen und darf grundsätzlich kein mit dem Bieter oder mit der Zielgesellschaft verbundenes Unternehmen sein. Dem Merchant Banker kommt im Angebotsprozess eine tragende Rolle zu. Gemeinsam mit dem Bieter ist er für die Einhaltung der gesetzlichen übernahmerechtlichen Vorgaben verantwortlich. Diverse Verpflichtungen nach den Takeover Regulations (z.B. Veröffentlichungspflichten), die nach der Konzeption des WpÜG dem Bieter obliegen würden, fallen in Indien in den primären Verantwortungsbereich des Merchant Banker, der aufgrund seiner diversen Aufgaben in der Praxis auch als „Manager to the Offer" bezeichnet wird.

Regulation 24 enthält eine Liste der allgemeinen Verpflichtungen des Merchant Banker. So hat er gemäß Regulation 24(1) im Vorfeld des Angebots u.a. sicherzustellen, dass der Bieter in der Lage ist, das Angebot durchzuführen, dass der Bieter seiner Verpflichtung zur treuhänderischen Hinterlegung bestimmter Sicherheiten nachkommt und dass solide Vorkehrungen („firm arrangements") im Hinblick auf die Finanzierung des Angebots getroffen wurden.[81]

[81] Die Überprüfung der „firm arrangements" im Hinblick auf die Finanzierung des Angebots wird in der Praxis sehr ernst genommen, keinesfalls genügen hier bloße Gespräche mit Banken o.ä. Der Merchant Banker hat zu überprüfen, dass die Finanzierung tatsächlich „steht". Aus der Beauftragung des Merchant Banker ergeben sich neben den allgemeinen übernahmerechtlichen Pflichten folgende Konsequenzen: (i) Regulation 2(1)(e)(2)(iv) qualifiziert den Merchant Banker als Deemed PAC, so dass dem Bieter für die Dauer des Angebots jede Beteiligung des Merchant Banker an der Zielgesellschaft zugerechnet wird. (ii) Von seiner Beauftragung durch den Bieter bis 15 Tage nach Beendigung des Angebots ist dem Merchant Banker der Handel in Aktien der Zielgesellschaft untersagt, Regulation 24(5A). Ein Verstoß gegen das Handelsverbot durch den Merchant Banker ist durch die Strafnormen der SEBI (Insider Trading) Regulations, 1992 sanktioniert. (iii) Nach Regulation 24(1)(e) ist der Merchant Banker ferner zur Offenlegung einer etwaigen Beteiligung an der Zielgesellschaft in der Angebotsdokumentation verpflichtet.

b) Hinterlegung des Escrow-Betrages

Die Pflicht des Bieters zur treuhänderischen Hinterlegung eines bestimmten Betrages (Escrow Amount) vor Veröffentlichung des Angebots folgt aus Regulation 28. Sie bezweckt – ähnlich wie die bei Barangeboten nach deutschem Übernahmerecht erforderliche Finanzierungsbestätigung nach § 13 Abs. 1 Satz 2 WpÜG – die Stärkung des Grundsatzes der Verlässlichkeit des Angebots. Kommt der Bieter seinen übernahmerechtlichen Verpflichtungen nicht nach, riskiert er den Verlust des hinterlegten Betrages, Regulation 28(11). Der zu hinterlegende Betrag ergibt sich aus Regulation 28(2) und hängt von den Spezifika des jeweiligen Angebots ab:

Angebotsspezifika	**Zu hinterlegender Betrag**
Angebote mit einem Gegenleistungsvolumen von bis zu INR 1 Milliarde insgesamt	25 % des gesamten Gegenleistungsvolumens
Angebote mit einem Gegenleistungsvolumen von mehr als INR 1 Milliarde	25 % des gesamten Gegenleistungsvolumens bis zu einem Betrag von INR 1 Milliarde und 10 % für das darüber hinausgehende gesamte Gegenleistungsvolumen
Angebote mit Mindestannahmeschwelle, bei deren Nichterreichen der Bieter nicht beabsichtigt, das Minimum von 20 % der Aktien der Zielgesellschaft zu erwerben	50 % des gesamten Gegenleistungsvolumens in bar
Für den Fall dass der Bieter vor Erwerb der Aktien der Minderheitsaktionäre beabsichtigt, Mitglieder des Board of Directors der Zielgesellschaft zu stellen	100 % des gesamten Gegenleistungsvolumens in bar, wenn die Gegenleistung in einer Geldleistung besteht, und 100 % des gesamten Gegenleistungsvolumens in „Securities", wenn die Gegenleistung in „Securities" besteht

Bei einer Erhöhung der Gegenleistung, ist auch der treuhänderisch hinterlegte Betrag zu erhöhen, so dass er mindestens 10 % der erhöhten Gegenleistung entspricht, Regulation 28(9). Für die Berechnung des gesamten Gegenleistungsvolumens wird unterstellt, dass das Angebot in voller Höhe angenommen wird, Regulation 28(3).

Die Hinterlegung kann nach Regulation 28(4) erfolgen (a) in bar bei einer Handelsbank, wobei dem Merchant Banker gegenüber der Bank das Weisungsrecht hinsichtlich des hinterlegten Betrages zustehen muss;[82] (b) durch Bankgarantie zugunsten des Merchant Bankers, die mindestens vom Datum des Public Announcement an bis 20 Tage nach Ablauf der Annahmefrist gül-

[82] Regulation 28(5). Steht das Angebot unter einer Mindestannahmeschwelle, bei deren Nichterreichen der Bieter nicht beabsichtigt, das Minimum von 20 % der Aktien der Zielgesellschaft zu erwerben, hat die Hinterlegung des Escrow-Betrages zwingend in bar zu erfolgen, Regulation 28(4)(d). Gleiches gilt, wenn der Bieter bei Angeboten gegen Geldleistung vor Erwerb der Aktien der Minderheitsaktionäre beabsichtigt, Mitglieder des Board of Directors zu stellen, vgl. Regulation 22(7). Bei Angeboten gegen Wertpapiere sind Wertpapiere zu hinterlegen.

tig sein muss;[83] (c) durch Hinterlegung „akezeptabler" Wertpapiere mit ausreichender Gewinnspanne beim Merchant Banker, der zur Verwertung bevollmächtigt sein muss.[84]

Ein ausländischer Investor bedarf mittlerweile für die Eröffnung eines Treuhandkontos im Zusammenhang mit einem öffentlichen Angebot grundsätzlich keiner vorherigen Genehmigung mehr durch die RBI.[85] Aus kommerzieller Sicht ist zu beachten, dass ein solches Konto eines Non-Residents nicht verzinslich sein darf. Ferner ist zwar die Repatriierung des Saldos nach Abschluss und vollständiger Abwicklung der Formalia des öffentlichen Angebots möglich; das Wechselkursrisiko trägt jedoch der ausländische Investor.

2. Öffentliche Bekanntmachung

Regulations 10, 11 und 12 sehen vor, dass der Bieter eine öffentliche Bekanntmachung („Public Announcement") zu veröffentlichen hat, mit der die Kapitalmärkte über die Absicht des Bieters zum Erwerb von Aktien der Zielgesellschaft sowie über die Rahmenbedingungen des Angebots informiert werden. Das Public Announcement lässt sich am ehesten mit der Veröffentlichung der Entscheidung zur Abgabe eines Angebots nach § 10 Abs. 1 WpÜG vergleichen; allerdings ist es wesentlich umfangreicher und enthält detailliertere Angaben zu den Konditionen des öffentlichen Angebots. Das Public Announcement spielt nach den Takeover Regulations eine entscheidende Rolle im Angebotsprozess und ist Grundlage des öffentlichen Angebots. Die Veröffentlichung des Public Announcement ist der erste förmliche Schritt im Angebotsverfahren und verpflichtet den Bieter, das gesamte Angebotsverfahren in Übereinstimmung mit den Bestimmungen der Takeover Regulations durchzuführen. Insbesondere kann der Bieter nach der öffentlichen Bekanntmachung nur noch unter sehr engen Voraussetzungen von dem Angebot zurücktreten.[86] Nach Regulations 14(1) und (3) erfolgt die Veröffentlichung des Public Announcement durch den Merchant Banker. Bei mittelbarem Stimmrechts-/Kontrollerwerb erfolgt die Veröffentlichung gemäß Regulation 14(4) hingegen durch den Bieter.

---

[83] Regulation 28(6).

[84] Das Verwertungsrisiko trägt der Merchant Banker, vgl. Regulation 28(7).

[85] Vgl. RBI, A.P. (DIR Series) Circular No. 62 vom 24. Mai 2007.

[86] Zu den Rücktrittsmöglichkeiten, vgl. unten C.V.5.

a) Timing der öffentlichen Bekanntmachung

Regulation 14 gibt vor, bis wann das Public Announcement zu erfolgen hat:

- Bei Abschluss eines Kaufvertrages über stimmberechtigte Aktien eines börsennotierten indischen Unternehmens innerhalb von vier Tagen nach Vertragsschluss, Regulation 14(1).[87]
- Im Falle des Erwerbs von Wandelinstrumenten spätestens vier Tage vor der Umwandlung in stimmberechtigte Aktien, Regulation 14(2).
- Bei einem Kontrollwechsel binnen vier Tagen nachdem der Kontrollwechsel erfolgt ist oder nachdem die Entscheidung über den Kontrollwechsel gefallen ist, Regulation 14(3).
- Bei indirektem Stimmrechts- / Kontrollerwerb binnen drei Monaten nach dessen Vollzug, Regulation 14(4).[88]

b) Inhalt und Format der öffentlichen Bekanntmachung

Den Inhalt der öffentlichen Bekanntmachung gibt Regulation 16 vor, die einen umfangreichen Katalog von Informationen enthält, die im Public Announcement darzustellen sind, insbesondere: Kapitalia der Zielgesellschaft, Umfang des Angebots, Art und Höhe der Gegenleistung, Angaben zum Bieter und dessen Beteiligung an der Zielgesellschaft, Kernpunkte etwaiger zugrunde liegender Aktienkaufverträge, Informationen zu Vorerwerben innerhalb der letzten 12 Monate vor dem Public Announcement, Angebotsfrist etc.

Das Format der öffentlichen Bekanntmachung ist stark standardisiert. In der Praxis folgen – ähnlich wie auch die Angebotsdokumentation in Deutschland – die indischen Public Announcements einem einheitlichen Schema. Das vom SEBI herausgegebene Standardformat eines Public Announcement ist in **Anlage 1** abgedruckt.

---

[87] Sonderregeln gelten beim Erwerb von Aktien sog. Public Sector Undertakings. Dies sind Unternehmen, an denen die Zentralregierung (Central Government) oder die Regierung eines Bundesstaates (State Government) mit 50 % oder mehr beteiligt sind, Regulation 2(1)(i)(ii).

[88] Dies ist vom Securities Appellate Tribunal (**SAT**) im Fall *Hardy Oil (P) Ltd. v. SEBI*, (2006) 68 SCL 287 (SAT) (online abrufbar unter http://www.sebi.gov.in), ausdrücklich bestätigt worden. Zuvor wurde unter Berufung auf den Bhagwati Report die Ansicht vertreten, die lange Dreimonatsfrist gelte nur bei grenzüberschreitenden Transaktionen, im Rahmen derer mehrere Public Announcements in verschiedenen Jurisdiktionen zu veröffentlichen seien. Dieser Auffassung ist das SAT unter Verweis auf den eindeutigen Wortlaut von Regulation 14 nicht gefolgt. Die Dreimonatsfrist nach Regulation 14(4) gilt demnach bei sämtlichen indirekten Stimmrechts- / Kontrollerwerben.

c) Medium für die öffentliche Bekanntmachung

Das Public Announcement ist nach Regulation 15(1) zu veröffentlichen in:

- einer englischsprachigen, indienweit erscheinenden Tageszeitung mit hoher Auflage;
- einer auf Hindi verfassten, indienweit erscheinenden Tageszeitung mit hoher Auflage;
- einer in der Regionalsprache des Sitzes der Zielgesellschaft verfassten Zeitung mit hoher Auflage;
- einer Zeitung mit hoher Auflage, die in der Regionalsprache des Sitzes der Börse verfasst ist, an denen die Aktien der Zielgesellschaft am meisten gehandelt werden.

Gleichzeitig mit der Veröffentlichung in den Tageszeitungen hat der Merchant Banker das Public Announcement zu übersenden (i) an das SEBI,[89] (ii) an sämtliche Börsen, an denen die Aktien der Zielgesellschaft gehandelt werden, sowie (iii) an die Zielgesellschaft, Regulation 15(2).[90]

Regulation 17 bestimmt ausdrücklich, dass das Public Announcement und der Letter of Offer (ebenso wie sonstige werbende Unterlagen) keine irreführenden Informationen enthalten dürfen.

Nach Regulation 15(4) gilt der Tag der Veröffentlichung des Public Announcement in den Tageszeitungen als Tag der Abgabe des öffentlichen Angebots.

3. Draft Letter of Offer

Nach Regulations 18(1) und 22(2) hat der Merchant Banker dem SEBI, der Zielgesellschaft und sämtlichen Börsen, an denen die Aktien der Zielgesellschaft notiert sind, binnen 14 Tagen nach Veröffentlichung des Public Announcement den Entwurf des sog. Letter of Offer zu übersenden, der funktionell der deutschen Angebotsunterlage i. S. v. § 11 WpÜG entspricht.

Wie die deutsche Angebotsunterlage muss der Letter of Offer das Angebot an die Aktionäre und sämtliche für dessen Beurteilung relevante Informationen enthalten. Der Letter of Offer setzt das Transparenzgebot der Takeover Regulations um. Auch nach indischem Recht spielt die Herstellung eines hohen Informationsniveaus für sämtliche Aktionäre eine entscheidende Rolle

---

[89] SEBI verlangt in der Praxis Übersendung sowohl in Papierform als auch in elektronischer Form.

[90] Die SEBI-Praxis ist sehr restriktiv, was die Einhaltung sämtlicher Veröffentlichungs- und Informationspflichten anbelangt, vgl. etwa die Haltung des SEBI im Fall *Doogar and Associates Ltd. v. SEBI*, SAT Appeal No. 60/2002 vom 30. September 2003, online abrufbar unter http://www.sebi.gov.in.

für ein geordnetes Angebotsverfahren. Wie das Public Announcement folgt auch der Letter of Offer in der Praxis einem in hohem Maße standardisierten Format auf der Grundlage des entsprechenden SEBI Musters. Dieses ist in **Anlage 2** abgedruckt. Die Takeover Regulations enthalten verschiedene inhaltliche Vorgaben, denen der Letter of Offer gerecht werden muss (u.a. Darstellung des Bieters und der Zielgesellschaft, der Ziele des Bieters, detaillierter Informationen zum Angebotspreis[91] etc.).

Zeitgleich mit Übersendung des Draft Letter of Offer hat der Merchant Banker:

- an das SEBI eine Gebühr nach Maßgabe von Regulation 18(3) zu entrichten, deren Höhe vom Umfang des Angebots abhängt.[92]
- dem SEBI ein (standardisiertes) sog. Due Diligence Certificate zu übermitteln, in dem der Merchant Banker als Manager des öffentlichen Angebots insbesondere die Durchsicht und Prüfung verschiedener Dokumente im Hinblick auf die Erfüllung seiner Verpflichtungen nach den Takeover Regulations bestätigt (Regulation 24(2)). Das vom SEBI herausgegebene Standardformat des Due Diligence Certificate ist in **Anlage 3** abgedruckt.

4. Prüfung des Draft Letter of Offer durch das SEBI

Nach Erhalt des Draft Letter of Offer hat das SEBI 21 Tage Zeit, den Entwurf des Angebotsdokuments zu prüfen, Anmerkungen zu machen und Weisungen zur Änderung des Draft Letter of Offer zu erteilen, Regulation 18(2). Zu beachten ist, dass SEBI sich nicht zum Draft Letter of Offer äußern muss. Sind seit dem Eingang des Angebotsdokuments 21 Tage verstrichen, ohne dass SEBI Anweisungen zur Änderung gegeben hat, kann der Letter of Offer an die Aktionäre verschickt werden. In der Praxis stimmt sich der Merchant Banker stets mit dem SEBI ab, um eventuelle Anmerkungen des SEBI frühzeitig einarbeiten zu können. Sofern SEBI Änderungswünsche hat, ist der Merchant Banker verpflichtet, den Letter of Offer entsprechend anzupassen[93] und SEBI innerhalb einer im Einzelfall bestimmten Frist erneut zur Prüfung vorzulegen. Nach erneuter Vorlage hat das SEBI nochmals sieben Werktage,

---

[91] Regulation 20(11).

[92] Die Gebühr beträgt: (i) INR 100.000 = ca. EUR 1.500 bis zu einem Angebotsvolumen von INR 10 Millionen = ca. EUR 155.000; (ii) INR 200.000 = ca. EUR 3.000 bei einem Angebotsvolumen zwischen INR 10 Millionen und INR 50 Millionen = ca. EUR 155.000 bis ca. EUR 775.000; (iii) INR 300.000 = ca. EUR 4.500 bei einem Angebotsvolumen zwischen INR 50 Millionen und INR 100 Millionen = ca. EUR 775.000 bis ca. EUR 1.550.000; (iv) 0,5 % der Angebotssumme bei einem Angebotsvolumen von mehr als INR 100 Millionen = ca. EUR 1.550.000.

[93] Regulation 18(2). Vgl. auch etwa *M.A. Sumathi v. SEBI and Bayer CropScience AG and others*, (2003) 42 SCL 591 (SAT), online abrufbar unter http://www.sebi.gov.in.

um dem Merchant Banker und dem Bieter gegebenenfalls weitere Änderungen aufzugeben.[94]

5. Übersendung des Letter of Offer an die Aktionäre

Nach Regulation 18(2) darf der Letter of Offer nicht vor Ablauf der 21-tägigen Prüfungsfrist des SEBI an die Aktionäre übersandt werden; sofern das SEBI Anmerkungen zur Änderung des Letter of Offer hat, verlängert sich die Frist entsprechend. Regulation 22(3) bestimmt, dass der Bieter sicherzustellen hat, dass der Letter of Offer die Aktionäre der Zielgesellschaft spätestens 45 Tage nach Veröffentlichung des Public Announcement erreicht.

Der Bieter hat den Letter of Offer an sämtliche Aktionäre der Zielgesellschaft (Residents und Non-Residents) zu übersenden, die am Referenzdatum (Specified Date) im Aktionärsregister der Gesellschaft verzeichnet sind, Regulation 22(3). Regulation 19 bestimmt, dass der Bieter das Referenzdatum bereits im Public Announcement festzulegen hat; es muss innerhalb eines Zeitraums von 30 Tagen nach Veröffentlichung des Public Announcement liegen.[95] Der Zielgesellschaft obliegt in diesem Zusammenhang eine Kooperationspflicht, dem Bieter binnen sieben Tagen nach dessen Anfrage oder binnen sieben Tagen nach dem Referenzdatum (je nachdem welcher Termin später liegt) eine Aktionärsliste zur Verfügung zu stellen, aus der sich Name, Adresse, Beteiligung und (im Falle effektiver Stücke) Aktiennummern ergeben, Regulation 23(2).[96]

Wird das Pflichtangebot durch Abschluss eines Vertrages zum Erwerb von Aktien der Zielgesellschaft oder zum Erwerb von Kontrolle über die Zielgesellschaft ausgelöst, bestimmt Regulation 22(3) ein Verbot der Versendung des Letter of Offer an solche Aktionäre, die Partei eines solchen Vertrages mit dem Bieter sind. Diesen Aktionären ist es untersagt, das öffentliche Angebot des Bieters anzunehmen. Gleiches gilt für mit dem Bieter gemeinsam handelnde Personen.[97]

---

94 Regulation 18(2).

95 Dennoch kann das Angebot von allen Aktionären angenommen warden, die spätestens am Ende der Angebotsfrist Aktionäre der Zielgesellschaft sind, vgl. unten C.IV.6. Das Referenzdatum dient nur zur Festlegung des Adressatenkreises, an den der Letter of Offer zu übersenden ist.

96 Der Letter of Offer ist ferner zu übersenden (i) an Inhaber von Wandelinstrumenten, sofern das Wandlungsrecht in die Angebotsfrist fällt, sowie (ii) an GDR/ADR-Verwahrstellen, sofern Inhabern von GDRs/ADRs die Teilnahme an dem öffentlichen Angebot gestattet ist, vgl. Explanations (i) und (ii) zu Regulation 22 (3).

97 Das Verbot der Teilnahme am öffentlichen Angebot folgt für PACs des Bieters nicht ausdrücklich aus den Takeover Regulations, ergibt sich aber aus Clause 8.3 des SEBI Standard Letter of Offer, abgedruckt in Anlage 2.

6. Das öffentliche Angebot

Regulation 22(4) bestimmt, dass die Annahmefrist für das öffentliche Angebot nicht später als 55 Tage nach Veröffentlichung des Public Announcement beginnen darf. Die Frist für die Annahme des Angebots beträgt 20 Tage, Regulation 22(5). Damit schreibt das indische Recht eine fixe Annahmefrist vor und weicht damit konzeptionell vom deutschen Regime ab, wo die Festlegung der Annahmefrist nach § 16 Abs. 1 WpÜG im Ermessen des Bieters steht und zwischen vier und zehn Wochen betragen kann. Eine abweichende Annahmefrist gilt, wenn es zu einem (oder mehreren) konkurrierenden Angebot(en) kommt. Für diesen Fall bestimmen Regulations 25(7) i. V. m. 25(4), dass sich die Annahmefrist dergestalt verlängert, dass sämtliche öffentliche Angebote am selben Tage enden. Eine solche Parallelität der Annahmefristen bei konkurrierenden Angeboten entspricht der deutschen Regelung in § 22 Abs. 2 WpÜG.

Ungeachtet der Tatsache, dass der Letter of Offer nur an solche Aktionäre der Zielgesellschaft zu versenden ist, die zum maßgeblichen Referenzdatum Aktionäre der Gesellschaft sind, steht die Annahme des Angebots sämtlichen Personen frei, die im Zeitpunkt des Ablaufs der Angebotsfrist Aktionäre der Zielgesellschaft sind. Über den Angebotsinhalt können sich Aktionäre, die den Letter of Offer nicht postalisch erhalten, dennoch informieren, indem sie das Dokument von der Website des SEBI herunterladen oder es vom Merchant Banker anfordern.[98]

Aktionären, die das Angebot angenommen haben, steht es nach Regulation 22(5A) bis drei Werktage vor Ablauf der Annahmefrist frei, vom Angebot zurückzutreten. Damit unterscheidet sich das indische Übernahmerecht wiederum von den Bestimmungen des WpÜG: Nach § 21 Abs. 4 WpÜG können Aktionäre der Zielgesellschaft nur im Falle einer Änderung des Angebots zurücktreten und dies auch nur für den Fall, dass sie das Angebot vor Veröffentlichung der Änderung angenommen haben. Ein Rücktrittsrecht besteht nach deutschem Recht ferner nach § 22 Abs. 3 WpÜG bei Veröffentlichung eines konkurrierenden Angebots, allerdings wiederum nur dann, wenn der Vertragsschluss vor Veröffentlichung der Angebotsunterlage des konkurrierenden Angebots erfolgte.

---

98 Von bestimmten Arten von Aktionären (Non-Resident Indians / Overseas Corporate Bodies / ausländische Aktionäre) kann der Bieter die Vorlage eines von den Steuerbehörden ausgestellten sog. Tax Clearance Certificates verlangen, aus dem sich der Betrag ergibt, der nach dem indischen Income Tax Act, 1961, an die indischen Steuerbehörden abzuführen ist. Wird dieses Tax Clearance Certificate nicht vorgelegt, ist der Bieter berechtigt, vom höchstmöglichen Steuersatz auszugehen und einen entsprechenden Betrag zurückzuhalten. Etwas anderes gilt gemäß Section 196D(2) des Income Tax Act, 1961, für FIIs im Sinne von Section 115AD des Income Tax Act, 1961.

Wie bereits beschrieben, müssen nach Regulation 21(1) öffentliche Angebote grundsätzlich für mindestens 20 % des stimmberechtigten Kapitals abgegeben werden. Auch damit unterscheidet sich das indische Regelungsregime vom deutschen Übernahmerecht, wo Teilangebote im Sinne von § 19 WpÜG nur bei einfachen Erwerbsangeboten, nicht hingegen bei Übernahme- oder Pflichtangeboten, gestattet sind.[99] Allerdings entsprechen sich die indische und die deutsche Regelung für den Fall der Überzeichnung, also für den Fall, dass die Anzahl an Aktien, die der Bieter erwerben kann, höher ist als die Anzahl der Aktien, die der Bieter zu erwerben verpflichtet ist: Wie § 19 WpÜG bestimmt Regulation 21(6), dass die Annahmeerklärungen in diesem Fall grundsätzlich verhältnismäßig zu berücksichtigen sind.[100]

Insbesondere bei feindlichen Übernahmen sowie bei konkurrierenden Angeboten spielen, in Indien wie in Deutschland, Marketingmaßnahmen (z.B. Werbung, PR, Roadshows) häufig eine entscheidende Rolle. Die Takeover Regulations enthalten in Regulation 17 den allgemeinen Grundsatz, dass solche Maßnahmen in keiner Weise irreführend sein dürfen. Zu beachten ist ferner, dass der in den Takeover Regulations verankerte Gleichheitsgrundsatz u.a. gebietet, dass sämtliche Aktionäre über die gleichen Informationen hinsichtlich des Angebots verfügen.[101] Somit haben Bieter und Merchant Banker sicherzustellen, dass Werbematerial lediglich solche Informationen enthält und im Rahmen von Roadshows lediglich solche Informationen verwendet werden, die sich auch aus dem Public Announcement und dem Letter of Offer ergeben. Anderenfalls laufen Bieter und Merchant Banker Gefahr, dass Aktionäre ein Informationsgefälle rügen und damit einen Verstoß gegen die Takeover Regulations geltend machen.[102]

Die Eckpunkte des öffentlichen Angebots werden unten in Teil V. erörtert.

---

[99] Die Zulässigkeit von Teilangeboten für einfache Erwerbsangebote folgt aus einem Umkehrschluss aus § 32 WpÜG, wonach Übernahmeangebote, die sich nur auf einen Teil der Aktien der Zielgesellschaft erstrecken, unzulässig sind. Über die Verweisung in § 39 WpÜG gilt die Unzulässigkeitsanordnung auch für Pflichtangebote.

[100] Regulation 21(6) enthält die Verpflichtung des Bieters, gemeinsam mit dem Merchant Banker sicherzustellen, dass die Zuteilung „in a fair and equitable manner" vollzogen wird und nicht dazu führt, dass Aktionäre auf sog. non-marketable lots „sitzen bleiben".

[101] S. hierzu auch Ziffer 1.2(i) und (ii) des Bhagwati Reports.

[102] Den vom SEBI angelegten strengen Maßstab verdeutlicht das Schreiben an Ambit Corporate Finance Private Limited vom 18. Oktober 2002, zitiert nach dem Beschluss des SAT vom 10. Februar 2003 in *M.A. Sumathi v. SEBI and Bayer CropScience AG and others,* (2003) 42 SCL 591 (SAT) (online abrufbar unter http://www.sebi.gov.in): "As a merchant Banker, you are advised to ensure that any statement made to the press or any other media by way of advertisement, press release, interview, etc., either by you or by the acquirers should only be based on disclosures contained in the offer document".

7. Zahlung der Gegenleistung an die Aktionäre

Regulation 29 regelt die Zahlung der Gegenleistung an die Aktionäre, die das öffentliche Angebot angenommen haben. Besteht die Gegenleistung in einer Geldleistung, ist der Bieter nach Absatz 1 verpflichtet, innerhalb von sieben Tagen nach Ablauf der Angebotsfrist ein Sonderkonto bei einer beim SEBI registrierten Bank zu eröffnen und dort den gesamten in Erfüllung des öffentlichen Angebots an die Aktionäre zahlbaren Betrag zu hinterlegen. Zu diesem Zweck kann der Merchant Banker 90 % des nach Regulation 28 treuhänderisch hinterlegten Betrages[103] auf das Sonderkonto transferieren.[104]

Besteht die Gegenleistung in Securities, hat der Bieter gemäß Regulation 29(3) sicherzustellen, dass diese tatsächlich ausgegeben und den Minderheitsaktionären, die das Angebot angenommen haben, übereignet werden.

Gemäß Regulation 22(12) hat der Bieter sämtliche Verpflichtungen im Zusammenhang mit dem öffentlichen Angebot (einschließlich Bewirkung der Gegenleistung) innerhalb von 15 Tagen nach Ende der Annahmefrist zu erfüllen. Ist der Bieter nach Ablauf von 15 Tagen seiner Zahlungspflicht nicht nachgekommen, gibt SEBI einen Strafzins auf die Gegenleistung von in der Regel 15 % p.a. auf.[105] Stehen behördliche Genehmigungen aus, ohne welche die Übernahme nicht rechtmäßig vollzogen werden kann, und hat der Bieter die Verzögerung nicht zu vertreten, kann SEBI die 15-Tage-Frist – wiederum gegen Aufgabe eines Strafzinses – entsprechend verlängern. Hat der Bieter sämtliche Verpflichtungen unter dem Angebot erfüllt, veranlasst der Merchant Banker die Freigabe des (verbliebenen) Escrow-Betrages im Sinne von Regulation 28 zu Gunsten des Bieters, Regulation 24(6).

---

[103] Vgl. hierzu oben C.IV.1.b).

[104] Besteht drei Jahre nach Einzahlung auf das Sonderkonto ein positiver Saldo, auf den Minderheitsaktionäre keinen Anspruch erheben, ist dieser nach Regulation 29(2) an den Investorenschutzfonds der Regionalbörse am Sitz der Zielgesellschaft zu zahlen.

[105] Kann die Bewirkung der Gegenleistung an Non-Resident Shareholders nicht erfolgen, weil die erforderlichen behördlichen Genehmigungen der RBI noch ausstehen, so fällt dies grundsätzlich in den Verantwortungsbereich der ausländischen Aktionäre, wenn dem Bieter keine Sorgfaltspflichtverletzung vorwerfbar ist. In diesen Fällen hat der Bieter den ausländischen Aktionären dann trotz Überschreiten der 15-Tage-Frist keinerlei Zinsen zu zahlen, vgl. die Entscheidung des SAT im Fall *Sterlite Opportunities & Ventures Ltd. v. SEBI* vom 11. Februar 2005, online abrufbar unter http://www.sebi.gov.in.

8. Weitere Formalia

Innerhalb von 45 Tagen nach Ende der Annahmefrist hat der Merchant Banker nach Regulation 24(7) einen standardisierten abschließenden Bericht an das SEBI zu übersenden (sog. 45-Days-Report), in dem eine synoptische Gegenüberstellung der Pflichten des Bieters einerseits und des tatsächlichen Verhaltens des Bieters andererseits erfolgt. Das vom SEBI herausgegebene standardisierte Formular des 45-Days-Report ist in **Anlage 4** abgedruckt.

Mit Erfüllung sämtlicher Verpflichtungen und Abschluss sämtlicher Formalia nach den Takeover Regulations veröffentlicht der Merchant Banker das ebenfalls standardisierte sog. Post Offer Public Announcement, mit dem das Angebotsverfahren formal beendet wird. Diese abschließende öffentliche Bekanntmachung ist in den Takeover Regulations zwar nicht vorgesehen, wird aber vom SEBI gefordert und ist in der Übernahmepraxis fester Bestandteil des Angebotsverfahrens. Die Veröffentlichung erfolgt in denselben Medien, in denen bereits das Public Announcement veröffentlicht wurde.[106] Ein Abdruck des vom SEBI herausgegebenen Musters eines Post Offer Public Announcement ist in **Anlage 5** enthalten.

Kontinuierliche Veröffentlichungspflichten während des Angebots im Sinne der deutschen „Wasserstandsmeldungen" nach § 23 WpÜG kennt das indische Übernahmerecht nicht.

V. Eckpunkte des öffentlichen Angebots

Wie bei Angeboten nach dem WpÜG legt auch der Bieter für Aktien einer indischen Zielgesellschaft gemeinsam mit seinen Beratern bereits in der Vorbereitungsphase verschiedene zentrale Eckpunkte des öffentlichen Angebots fest.

1. Art der Gegenleistung

Für den Bieter von zentraler Bedeutung ist zunächst die Frage, welche Regelungen hinsichtlich der Art (dazu im Folgenden) und der Höhe (dazu unter 2.) der Gegenleistung zu beachten sind.

a) WpÜG

In Deutschland bestimmt § 31 Abs. 2 WpÜG, dass die Gegenleistung bei einem Übernahmeangebot entweder in einer Geldleistung in Euro oder in liquiden Aktien bestehen muss, die zum Handel an einem organisierten Markt zugelassen sind.[107] Diese Arten der Gegenleistung bilden die sog. Pflichtgegenleistung, durch die sichergestellt werden soll, dass die Adressaten des

[106] Vgl. oben C.IV.2.c).

[107] Der Bieter wird in der Regel seine eigenen Aktien als Gegenleistung anbieten; theoretisch denkbar ist aber auch, dass er Aktien einer anderen Gesellschaft anbietet.

öffentlichen Angebots entweder unmittelbar Geld oder aber Wertpapiere erhalten, die sich unproblematisch gegen Geld veräußern lassen.[108]

b) Takeover Regulations

In der indischen Übernahmepraxis besteht die Gegenleistung in den allermeisten Fällen in einer Geldleistung. Für die Aktionäre der Zielgesellschaft ist eine feste Geldleistung besonders attraktiv; der Aktionär weiss genau, was er bekommt, das öffentliche Angebot ist für ihn leicht verständlich. Für den Bieter hat die Geldleistung den offensichtlichen Nachteil, dass er die für die Durchführung seines Angebots notwendigen Barmittel bereitstellen muss. Regulation 20(2) eröffnet dem Bieter neben der Gegenleistung „in cash" verschiedene Alternativen: So kann der Bieter als Gegenleistung auch eigene[109] stimmberechtigte Aktien („Shares") – wenn es sich bei ihm um eine in Indien börsennotierte Gesellschaft handelt – oder eigene sog. „Secured Instruments", die mindestens über ein A-Rating verfügen, oder auch eine Kombination aus Cash, Shares und Secured Instruments anbieten. Im Grundsatz steht es dem Bieter frei, sich für eine dieser Gegenleistungsvarianten (oder eine Kombination hieraus) zu entscheiden.[110]

Auch wenn – insbesondere für ausländische Investoren – bislang allein die Geldleistung von praktischer Relevanz ist, sei auf folgende Besonderheiten im Zusammenhang mit dem Angebot von Aktien als Gegenleistung hingewiesen:

- Entschließt sich die börsennotierte Bietergesellschaft zur Ausgabe von Aktien als Gegenleistung (sog. Share Exchange Offer), beinhaltet dies in aller Regel die Ausgabe von Aktien an mehr als 50 Aktionäre der Zielgesellschaft und stellt damit ein öffentliches Angebot von Wertpapieren (sog. Public Issue, vgl. Section 67(3) des indischen Companies Act, 1956) dar. In diesem Fall muss der Letter of Offer nicht nur den Takeover Regulations, sondern ferner den Veröffentlichungspflichten der SEBI (Disclosure and Investor Protection) Guidelines, 2000 (**DIP Guidelines**), entsprechen. Die

108 Nach deutschem Recht besteht eine Pflicht zur Geldleistung in bestimmten Fällen des Vor- und Parellelerwerbs, nämlich wenn der Bieter (oder mit ihm gemeinsam handelnde Personen oder deren Tochterunternehmen) in den sechs Monaten vor der Veröffentlichung der Mitteilung nach § 10 Abs. 3 Satz 1 WpÜG bis zum Ablauf der Annahmefrist insgesamt mindestens 5 % der Aktien oder Stimmrechte an der Zielgesellschaft gegen Zahlung einer Geldleistung erworben haben (§ 31 Abs. 3 WpÜG). Als zusätzliche Alternative steht es dem Bieter frei, den Aktionären der Zielgesellschaft neben der Pflichtgegenleistung eine Wahlgegenleistung anzubieten.

109 Anders als nach deutschem Recht kann der Bieter also bereits nach dem Wortlaut der Takeover Regulations nur eigene Aktien als Gegenleistung anbieten, nicht hingegen Aktien einer anderen Gesellschaft.

110 Gewisse Einschränkungen im Hinblick auf die Wahlfreiheit greifen ein, sofern der Bieter in den 12 Monaten vor Veröffentlichung des Public Announcement Aktien der Zielgesellschaft gegen Geldleistung erworben hat.

Dokumentation bei einem Tauschangebot wird dadurch erheblich aufwändiger als bei einem Barangebot. Dem entspricht im deutschen Recht die Pflicht des Bieters, die als Gegenleistung angebotenen Aktien wie in einem Verkaufsprospekt zu beschreiben (§ 2 Nr. 2 der Verordnung über den Inhalt der Angebotsunterlage, die Gegenleistung bei Übernahmeangeboten und Pflichtangeboten und die Befreiung von der Verpflichtung zur Veröffentlichung und zur Abgabe eines Angebots (**WpÜG-AngVO**) i. V. m. § 7 Wertpapierprospektgesetz).

- Besteht die Gegenleistung in von der börsennotierten Bietergesellschaft auszugebenden Aktien und hängt die Ausgabe noch von der Zustimmung der Aktionäre der Bietergesellschaft ab, muss die entsprechende Zustimmung spätestens sieben Tage nach Ablauf der Annahmefrist vorliegen. Liegt der Zustimmungsbeschluss nicht bis zu diesem Zeitpunkt vor, hat der Bieter die Gegenleistung als Geldleistung zu bewirken, Regulation 20(3).[111]

2. Höhe der Gegenleistung

Von zentraler Bedeutung ist ferner die Frage der Höhe der Gegenleistung.

a) WpÜG

Das deutsche Übernahmerecht schreibt in § 31 Abs. 1 WpÜG vor, dass die Gegenleistung „angemessen“ sein muss, wobei bei der Beurteilung der Angemessenheit grundsätzlich sowohl der durchschnittliche Börsenkurs der Aktien der Zielgesellschaft als auch Erwerbe von Aktien der Zielgesellschaft durch den Bieter, mit ihm gemeinsam handelnder Personen oder deren Tochterunternehmen zu berücksichtigen sind. Die §§ 3ff. WpÜG-AngVO konkretisieren diese Grundsätze durch die Festlegung von Mindestpreisen.[112] Die im deutschen Recht geltenden Grundsätze für Übernahme- und Pflichtangebote lassen sich wie folgt zusammenfassen:

- Vorerwerbe: Die Gegenleistung bei Übernahme- und Pflichtangeboten muss mindestens dem Wert der höchsten vom Bieter, einer mit ihm gemeinsam handelnden Person oder deren Tochterunternehmen gewährten oder vereinbarten Gegenleistung für den Erwerb von Aktien der Zielgesellschaft innerhalb der letzten sechs Monate vor der Veröffentlichung der Angebots-

[111] Sowohl das SEBI als auch die indische Rechtsprechung bestehen auf die strikte Einhaltung der Frist, vgl. etwa die Entscheidung des High Court of Delhi in der Sache *Sterlite Industries (India) Limited v. The Union of India*, (2003) 117 Comp Cas 161 (Delhi).

[112] Sowohl § 31 WpÜG als auch die §§ 3ff. WpÜG-AngVO gelten nur für Übernahme- und Pflichtangebote, nicht hingegen für einfache Erwerbsangebote. Wie bereits dargestellt, kennt das indische Übernahmerecht solche Unterscheidungen im Hinblick auf die Art des öffentlichen Angebotes nicht.

unterlage / Überschreiten der Kontrollschwelle entsprechen, § 4 WpÜG-AngVO.[113]

- Börsenkurse: Sind die Aktien der Zielgesellschaft zum Handel an einer inländischen Börse zugelassen, muss die Gegenleistung mindestens dem gewichteten durchschnittlichen inländischen Börsenkurs dieser Aktien während der letzten drei Monate vor der Veröffentlichung der Mitteilung nach § 10 Abs. 1 Satz 1 oder § 35 Abs. 1 Satz 1 WpÜG entsprechen, § 5 Abs. 1 WpÜG-AngVO.[114]

Der vom Bieter angebotene Mindestpreis zum Erwerb der Aktien der Minderheitsaktionäre der Zielgesellschaft im Rahmen eines Übernahme- oder Pflichtangebots nach dem WpÜG hat jedenfalls dem höheren dieser beiden Werte zu entsprechen. Bei einfachen öffentlichen Erwerbsangeboten finden die beschriebenen Mindestpreisregelungen keine Anwendung.

b) Takeover Regulations

Auch die Takeover Regulations enthalten Mindestpreisregeln zum Schutz der Minderheitsaktionäre der Zielgesellschaft. Der Supreme Court of India hat in der Sache *H.L. Somany v. SEBI* klargestellt, dass das Ziel der Mindestpreisregeln darin bestehe, die Interessen der Minderheitsaktionäre am Erhalt eines „Fair Price" einerseits und die wirtschaftlichen Interessen des Bieters andererseits in einen gerechten Ausgleich zu bringen.[115] Die Takeover Regulations unterscheiden für die Berechnung des Mindestpreises zwei Fälle: Im Regelfall sog. Frequently Traded Shares richtet sich der Mindestpreis nach Regulation 20(4), während bei Marktenge (sog. Infrequently Traded Shares) die Bestimmungen von Regulation 20(5) greifen.

aa) Frequently Traded Shares

Im Regelfall der Frequently Traded Shares bestimmt sich die Höhe der Gegenleistung gemäß Regulation 20(4) nach Vorerwerben und Börsenkursen, wobei der jeweils höchste Wert maßgeblich ist:

- Vorerwerbe: Wird die Angebotspflicht durch außerbörsliche Erwerbe von Aktien auf der Grundlage eines Kaufvertrags ausgelöst, muss die Gegenleistung mindestens dem vertraglich vereinbarten Kaufpreis entsprechen, Regulation 20(4)(a). Ferner hat die Gegenleistung in sämtlichen Angebotskonstellationen mindestens dem Wert der höchsten vom Bieter oder einer

[113] Bei Erwerb gegen Sachleistung ist der Wert der Sachleistung im Zeitpunkt der Vereinbarung maßgeblich.
[114] Dieser Börsenkurs ist online auf der Website der BaFin unter http://www.bafin.de abrufbar.
[115] Supreme Court of India, *H.L. Somany v. SEBI*, Urteil vom 16. Mai 2007, Case No. Appeal (civil) 1672/2006.

mit ihm gemeinsam handelnden Person gewährten Gegenleistung für den Erwerb von Aktien der Zielgesellschaft innerhalb der letzten 26 Wochen vor der Veröffentlichung des Public Announcement zu entsprechen, Regulation 20(4)(b).

- Börsenkurse: Die Gegenleistung muss mindestens dem höheren der folgenden Börsenkurse der Aktien der Zielgesellschaft entsprechen: (i) dem Durchschnitt der wöchentlichen Höchst- und Tiefstwerte der Schlusskurse der Aktien der Zielgesellschaft während des Zeitraumes von 26 Wochen vor dem Public Announcement; oder (ii) dem Durchschnitt der täglichen Höchst- und Tiefstwerte der Börsenkurse der Aktien der Zielgesellschaft während des Zeitraums von zwei Wochen vor dem Public Announcement, Regulation 20(4)(c).[116] Maßgeblich sind jeweils die Kurse der Börse, an denen die Aktien der Zielgesellschaft hauptsächlich („most frequently") gehandelt werden.

bb) Infrequently Traded Shares

Handelt es sich bei den Aktien der Zielgesellschaft um sog. Infrequently Traded Shares, bestimmt sich der Mindestpreis nach Regulation 20(5). Aktien der Zielgesellschaft gelten als „infrequently traded", wenn das auf Jahresbasis hochgerechnete Handelsvolumen mit Aktien der Zielgesellschaft an *einer* Börse, an der die Aktie notiert ist, in den letzten sechs Monaten vor Veröffentlichung des Public Announcement weniger als 5 % (gemessen an der Gesamtzahl der Aktien der Zielgesellschaft) beträgt.[117] Nach Regulation 20(5) legen der Bieter und der Merchant Banker den Angebotspreis bei Infrequently Traded Shares fest[118] und haben dabei folgende Faktoren zu berücksichtigen:

- Vorerwerbe: Bieter und Merchant Banker haben den vertraglich vereinbarten Kaufpreis für die Aktien der Zielgesellschaft, wenn die Angebotspflicht durch außerbörsliche Erwerbe auf der Grundlage eines Kaufvertrags ausgelöst wurde, bei der Festlegung der Gegenleistung zu beachten, Regulation 20(5)(a). Ferner ist der Wert der höchsten vom Bieter oder einer mit ihm gemeinsam handelnden Person gewährten Gegenleistung für den Erwerb von Aktien der Zielgesellschaft innerhalb der letzten 26 Wochen vor

[116] Im Regelfall sind die durchschnittlichen Börsenkurse in den genannten Zeiträumen vor dem *Public Announcement* maßgeblich. Für Public Sector Undertakings gelten Sonderregeln.

[117] Explanation (i) zu Regulation 20(5). Auch hier gelten Sonderregeln für Public Sector Undertakings.

[118] Für begründete Ausnahmefälle („where considered necessary") sieht Regulation 20(5) vor, dass die Höhe der Gegenleistung bei Infrequently Traded Shares auf Anordnung des SEBI durch einen (weiteren) unabhängigen Merchant Banker, einen unabhängigen Wirtschaftsprüfer oder durch ein öffentliches Finanzinstitut festgelegt werden kann.

der Veröffentlichung des Public Announcement in die Festlegung einzubeziehen, Regulation 20(5)(b).

- Weitere Parameter: Einzubeziehen sind darüber hinaus weitere Parameter, die Aufschluss über den Wert einer nur unregelmäßig gehandelten Aktie geben können, z.B. Eigenkapitalrendite, Buchwert der Aktien der Zielgesellschaft, Ertrag je Aktie, Verhältnis von Preis und Ertrag der Aktie im Vergleich zum Industriedurchschnitt.

Für die Bewertung von Infrequently Traded Shares der Zielgesellschaft durch den Bieter und den Merchant Banker sind die genannten Kriterien kumulativ heranzuziehen, um so zu einer angemessenen Gegenleistung zu gelangen.[119] Sind bei Infrequently Traded Shares nicht sämtliche der oben genannten Parameter in die Bewertung eingeflossen, macht dies die Ausführungen zur Höhe der Gegenleistung fehlerhaft. Die in Regulation 20(5) genannten Faktoren sind indes nicht abschließend; Bieter und Merchant Banker sind nicht daran gehindert, über die erwähnten Kriterien hinaus weitere anerkannte Bewertungsgrundsätze anzuwenden.[120]

Werden die Aktien der Zielgesellschaft an einer Börse regelmäßig, an einer anderen Börse (etwa an einer Regionalbörse) hingegen nur unregelmäßig gehandelt, hat die Bestimmung der Höhe der Gegenleistung nach Maßgabe des SEBI sowohl nach Regulation 20(4) als auch nach Regulation 20(5) zu erfolgen, wobei der höchste sich hieraus ergebende Betrag der an die Minderheitsaktionäre zu zahlende Mindestpreis ist.

cc) Indirekte Erwerbe

Kommt es zu einem indirekten Kontrollwechsel etwa durch Erwerb des Mutterunternehmens der Zielgesellschaft, bestimmt sich die Gegenleistung ebenfalls nach den oben beschriebenen Grundsätzen, wobei das maßgebliche Referenzdatum sich sowohl nach dem Public Announcement zum Erwerb von Aktien der indischen Zielgesellschaft oder (falls ein solches erforderlich ist) nach einem Public Announcement hinsichtlich des Erwerbs der Muttergesellschaft bestimmen kann, je nachdem nach welchem Referenzdatum sich ein höherer Mindestpreis ergibt, Regulation 20(12).

---

[119] In der Sache *Acquisition of Shares / Voting Rights and Control of Kadri Mills (CBE) Limited* hat SEBI dies mit Beschluss vom 18. Januar 2003 ausdrücklich klargestellt. In diesem Fall erhob SEBI gegenüber dem Merchant Banker den Vorwurf, er habe den Buchwert der Aktien sowie das erhebliche Anlagevermögen der Zielgesellschaft nicht hinreichend in seinen Bewertungsmaßstab einbezogen.

[120] Supreme Court of India, *H.L. Somany v. SEBI*, Urteil vom 16. Mai 2007, Case No. Appeal (civil) 1672/2006.

Die für die Aktien der indischen Zielgesellschaft im Rahmen eines öffentlichen Angebots zu zahlende Gegenleistung bestimmt sich hingegen regelmäßig nicht nach dem vereinbarten Preis, der im Rahmen des indirekten Kontrollwechsels für die Anteile des Mutterunternehmens der indischen Aktiengesellschaft gewährt wurde. Dies hat das für Streitigkeiten im Zusammenhang mit den Takeover Regulations zuständige Securities Appellate Tribunal (**SAT**)[121] in der Sache *Indian Syntans Investments Private Limited v. Bayer CropScience AG and others*[122] ausdrücklich bestätigt. In diesem Fall hatte der Bieter die französische Aventis CropScience Holdings S.A. erworben, die u.a. über ein in Indien börsennotiertes Tochterunternehmen (Aventis CropScience India Limited) verfügte, an dem sie eine Beteiligung von rund 67 % hielt. Aufgrund des indirekten Kontrollwechsels machte der Bieter den Aktionären der indischen Zielgesellschaft ein Pflichtangebot zum Erwerb ihrer Aktien nach den Takeover Regulations, wobei sich der Bieter bei der Bestimmung der Höhe der Gegenleistung auf durchschnittliche Börsenkurse stützte und den Kaufpreis der die Angebotspflicht auslösenden M&A Transaktion auf der Ebene der Muttergesellschaft außer Betracht ließ. Indian Syntans Investments wandte hiergegen ein, dass der Bieter bei der Bestimmung der Höhe der angemessenen Gegenleistung den für die Anteile der französischen Holding-Gesellschaft gezahlten Erwerbspreis hätte berücksichtigen müssen. Das SAT lehnte dies mit der Begründung ab, dass der Unternehmenskaufvertrag keinen separaten Kaufpreis für die Beteiligung an der indischen Zielgesellschaft auswies und dass keine Due Diligence (insbesondere keine Financial Due Diligence) für die indische Zielgesellschaft stattgefunden habe. Das Gericht äußert sich nicht zu der Frage, was für die Berücksichtigung des Kaufpreises auf der Ebene der Muttergesellschaft im Zusammenhang mit der Bestimmung der Gegenleistung nach den Takeover Regulations gilt, wenn diese beiden Kriterien bei einem indirekten Kontrollwechsel nicht erfüllt sein sollten.

dd) Aufschläge auf den Mindestpreis

Im indischen wie im deutschen Recht ist der Bieter zur Einhaltung der Mindestpreisregelungen verpflichtet. In der Übernahmepraxis vorrangig ist indes zumeist die Frage, welchen Aufschlag der Bieter im Vergleich zum Börsenkurs zu zahlen bereit ist, um eine entsprechend große Anzahl von Aktionären der Zielgesellschaft zur Annahme des Angebots zu bewegen. Dies ist häufig eine Gratwanderung, da die Organvertreter der Bietergesellschaft primär ih-

[121] Die Zuständigkeit des SAT für Appeals gegen Akte des SEBI folgt aus Regulation 46.

[122] SAT, *Indian Syntans Investments Private Limited v. Bayer CropScience AG and others*, Beschluss vom 13. April 2006, online abrufbar unter http://www.sebi.gov.in.

rem eigenen Unternehmen Sorgfalt schulden und die Höhe der Prämie gegenüber ihren eigenen Gesellschaftern rechtfertigen müssen.

Aus übernahmerechtlicher Sicht sind Aufschläge auf den Mindestpreis in der Regel unproblematisch, solange sie sämtlichen Aktionären derselben Wertpapiergattung in gleichem Maße zukommen.

In Deutschland verbietet der in § 3 Abs. 1 WpÜG verankerte Gleichbehandlungsgrundsatz die Gewährung von Prämien / Aufschlägen / Boni etc. an einzelne Aktionäre im Rahmen von Übernahme- und Pflichtangeboten. Auch wenn beispielsweise Großaktionäre für das Gelingen einer Übernahme strategisch „wichtiger" sind als Kleinaktionäre, verbietet das deutsche Recht die Bevorzugung solcher Aktionäre, etwa durch Gewährung von Paketzuschlägen o.ä. Will der Bieter solche Zuschläge gewähren, so hat er sie zwingend auf sämtliche Aktionäre derselben Wertpapiergattung zu erstrecken.

Zwar ist die Gleichbehandlung von Aktionären im Rahmen öffentlicher Angebote auch im indischen Übernahmerecht ein tragender Grundsatz, doch kennen die Takeover Regulations eine in der Praxis bedeutsame Ausnahmebestimmung für Zuschläge bei sog. Non Compete Agreements. Im Umkehrschluss aus Regulation 20(8) ergibt sich, dass der Bieter einzelnen Aktionären, die sich gegenüber dem Bieter zu einem Wettbewerbsverbot verpflichten, einen Aufschlag von 25 % auf den Angebotspreis gewähren kann, ohne diese Prämie an sämtliche Aktionäre weiterreichen zu müssen. Das indische Recht sieht hierdurch das Gleichbehandlungsprinzip nicht verletzt. Nur soweit der Bieter einzelnen Aktionären ein Non Compete Premium gewährt, das über den erlaubten 25 %-igen Aufschlag hinausgeht, findet eine Anrechnung auf die allgemeine Gegenleistung statt. Zu beachten ist allerdings, dass es sich bei solchen Wettbewerbsverboten um „harte" Vereinbarungen („Genuine" Non Compete Arrangements) handeln muss. Das SEBI legt hier einen strengen Maßstab an. Die Behörde verlangt insbesondere, dass von dem Aktionär, mit dem das Wettbewerbsverbot vereinbart wurde, anderenfalls tatsächlich substantieller Wettbewerb zu erwarten wäre.[123] Nur in solchen Fällen sei eine Abweichung vom allgemeinen Gleichbehandlungsprinzip gerechtfertigt. Wirtschaftlich ist zu beachten, dass der Non Compete Aufschlag für einen einzelnen Aktionär – soweit das SEBI diesen nicht anerkennt – zu einer erheblichen Verteuerung des gesamten öffentlichen Angebots führen kann; in

[123] Dies wurde insbesondere relevant in der Entscheidung des SEBI im Zusammenhang mit der Übernahme von Mysore Cements durch HeidelbergCement. Das SAT hat die in diesem Fall vom SEBI vorgenommene sehr enge Auslegung zwar relativiert, dennoch verbleiben hier gewisse Unsicherheiten, was die allgemeinen Zulässigkeitsvoraussetzungen für Non Compete Aufschläge anbelangt, vgl. SAT, *Cementrum IB. V. v. SEBI and Ambit Corporate Finance Private Limited*, Appeal No. 28/2008, Entscheidung vom 8. Juli 2008, online abrufbar unter http://www.sebi.gov.in.

diesem Fall hat der Bieter den Aufschlag nämlich an sämtliche Aktionäre zu zahlen.

ee) Erhöhung der Gegenleistung während der Annahmefrist

In folgenden Fällen kann es zu einer Erhöhung der Gegenleistung während der Annahmefrist kommen:

- Zwingende Erhöhung: Erwirbt der Bieter nach der Veröffentlichung des Public Announcement und vor Ablauf der Annahmefrist Aktien der Zielgesellschaft zu einem Preis, der über der angebotenen Gegenleistung liegt, haben sämtliche Aktionäre, die das öffentliche Angebot angenommen haben, Anspruch auf den erhöhten Kaufpreis.
- Freiwillige Erhöhung: Nach Regulation 26 kann der Bieter die Gegenleistung bis zu sieben Tage vor Ablauf der Annahmefrist freiwillig erhöhen. Im Falle einer solchen freiwilligen Erhöhung hat er ein weiteres Public Announcement zu veröffentlichen, um die Kapitalmärkte über die Erhöhung der Gegenleistung zu informieren. Die Veröffentlichung erfolgt in derselben Form wie das erste Public Announcement mit Kopie an das SEBI, die Zielgesellschaft sowie an sämtliche Börsen, an denen die Aktien der Zielgesellschaft notiert sind.

ff) Nacherwerbe

Zu beachten ist, dass sich die Höhe der Gegenleistung auch auf die Zulässigkeit von Nacherwerben (Erwerbe nach Ablauf der Annahmefrist) auswirken kann. Zwar kann ein Bieter, dessen Beteiligung zwischen 15 % und 55 % beträgt, nach Abschluss eines öffentlichen Angebots in Übereinstimmung mit Regulation 11(1) in jedem Geschäftsjahr vom 1. April bis 31. März weitere 5 % der Stimmrechte der Zielgesellschaft hinzuerwerben, ohne eine erneute Angebotspflicht auszulösen. Regulation 20A untersagt es dem Bieter jedoch, im Zeitraum von sechs Monaten nach dem Ende der Annahmefrist außerbörslich Aktien zu einem höheren Preis als dem Angebotspreis zu erwerben. Anders als in § 31 Abs. 5 WpÜG ordnen die Takeover Regulations allerdings nicht an, dass der Bieter sämtlichen Aktionären, die das Angebot angenommen haben, nachträglich den Unterschiedsbetrag zu gewähren hat.[124] Regula-

[124] Nach § 31 Abs. 5 WpÜG ist der Bieter dann gegenüber den Aktionären, die das Angebot angenommen haben, zur nachträglichen Zahlung des Unterschiedsbetrages verpflichtet, wenn er oder mit ihm gemeinsam handelnde Personen oder deren Tochterunternehmen innerhalb eines Jahres nach der Veröffentlichung des finalen Ergebnisses des Übernahme- oder Pflichtangebots außerhalb der Börse Aktien der Zielgesellschaft erwerben und hierfür wertmäßig eine höhere als die im Angebot gewährte Gegenleistung zahlen oder vereinbaren.

tion 20A enthält „lediglich" eine strikt zu befolgende (haftungsauslösende) Verbotsnorm.[125]

3. Umfang des Angebots

Übernahme- und Pflichtangebote nach dem WpÜG dürfen nicht auf einen Teil der Aktien der Zielgesellschaft beschränkt werden, § 32 WpÜG. Nach deutschem Übernahmerecht sind Teilangebote nur bei einfachen öffentlichen Erwerbsangeboten gestattet.

Wie bereits im Zusammenhang mit der Systematik der Takeover Regulations erörtert, geht das indische Übernahmerecht einen anderen Weg. Die Takeover Regulations schreiben für alle Arten von öffentlichen Angeboten zunächst einen Mindestumfang vor. Nach Regulation 21(1) hat der Bieter grundsätzlich ein öffentliches Angebot für mindestens 20 % des stimmberechtigten Kapitals der Zielgesellschaft abzugeben.

Eine Ausnahme vom Grundsatz des Mindestangebots für 20 % des stimmberechtigten Kapitals der Zielgesellschaft enthält Regulation 21(3): Bei Konsolidierungsangeboten nach Regulation 11(2A) (Situation: Der Bieter hält bereits zwischen 55 % und 75 % / 90 % der Aktien und beabsichtigt den Ausbau seiner Beteiligung bis zum Delisting Threshold.[126]) kann der Mindestumfang des öffentlichen Angebots unter 20 % liegen.

Es steht dem Bieter frei, ein Angebot für mehr als 20 % abzugeben. Zu beachten ist allerdings, dass jede börsennotierte Gesellschaft in Indien verpflichtet ist, dafür Sorge zu tragen, dass sich eine Mindestanzahl ihrer Aktien im Streubesitz (Minimum Level of Public Shareholding) befindet. Dies folgt aus dem jeweiligen (standardisierten) Listing Agreement, das die indische Zielgesellschaft mit den jeweiligen Börsen abschließt, an denen die Aktien der Gesellschaft notiert sind.[127] Nach Clause 40A des standardisierten Listing Agreement haben indische börsennotierte Gesellschaften grundsätzlich einen Mindest-Freefloat von 25 % einzuhalten; bei Aktiengesellschaften mit mindestens 20 Millionen Aktien und einer Marktkapitalisierung von mehr als INR 10 Milliarden[128] beträgt der einzuhaltende Mindest-Freefloat 10 %. Mit

---

[125] Zu den Penalties bei Nichteinhaltung der Vorgaben der Takeover Regulations vgl. unten C.VII.

[126] Siehe dazu sogleich.

[127] Das standardisierte Listing Agreement der Bombay Stock Exchange ist online abrufbar unter http://www.bseindia.com; das standardisierte Listing Agreement der National Stock Exchange ist online abrufbar unter http://www.nseindia.com.

[128] Nach der Explanation zu Clause 40A des standardisierten Listing Agreement wird die Marktkapitalisierung auf der Grundlage der durchschnittlichen Marktkapitalisierung des zurückliegenden Geschäftsjahres bestimmt. Sie berechnet sich als die Summe der täglichen Marktkapitalisierung über ein Jahr, geteilt durch die Anzahl der Handelstage. Die so errechnete Marktkapitalisierung ist maßgeblich für die Bestimmung des Delisting Thresholds (75 % oder 90 %) für die folgenden vier Quartale. Es ist somit nicht ausgeschlossen, dass sich der anwendbare Delisting Threshold von Jahr zu Jahr ändert.

der Verpflichtung der Gesellschaft zur Einhaltung des Streubesitzes korrespondiert eine Verpflichtung der Großaktionäre dafür zu sorgen, dass ihre Beteiligungsquote an der börsennotierten Zielgesellschaft die Schwellen von 75 % bzw. 90 % (sog. **Delisting Threshold**) nicht dauerhaft übersteigt.

Zwar verbietet das indische Übernahmerecht dem Bieter nicht die Abgabe eines öffentlichen Angebots für bis zu 100 % der Aktien der Zielgesellschaft. Allerdings ist der Bieter, wenn die Absicht des Aufbaus einer Beteiligung jenseits des Delisting Threshold besteht, zur Abgabe eines sog. Delisting Offer nach den SEBI (Delisting of Securities) Guidelines, 2003 (**Delisting Guidelines**), verpflichtet. Ferner wäre diese Absicht des Bieters bereits in der Dokumentation zum öffentlichen Angebot nach den Takeover Regulations darzustellen. Praktisch führt dies jedoch dazu, dass eine Vielzahl von Aktionären das öffentliche Angebot nicht annehmen werden und die maßgebliche Delisting Schwelle schon gar nicht erreicht wird (mit der Folge, dass kein Delisting Offer möglich ist): Die im Rahmen des Delisting zu gewährende Gegenleistung wird nämlich im sog. Reverse Book Building Verfahren bestimmt und liegt praktisch immer deutlich über dem im Rahmen des öffentlichen Angebots gewährten Erwerbspreis. Für die Praxis bedeutet dies, dass ein Bieter regelmäßig zunächst ein öffentliches Angebot in einem Umfang abgibt, der mindestens 20 % der Aktien der Zielgesellschaft entspricht und bei unterstellter vollständiger Annahme nicht zu einer Beteiligung des Bieters jenseits des Delisting Thresholds von 75 % bzw. 90 % führen würde. Aufgrund der Tatsache, dass das Reverse Book Building Verfahren, im Rahmen dessen einzelne Aktionäre den Erwerbspreis diktieren können, zum Teil zu unrealistisch hohen Abfindungen führt, sind Delistings in Indien nicht sehr üblich. Allerdings wird derzeit eine Reform der Delisting Guidelines und der darin enthaltenen Preisbildungsmechanismen diskutiert. Da das indische anders als das deutsche Recht weder einen gesellschaftsrechtlichen (§§ 327a ff. AktG) noch einen übernahmerechtlichen (§ 39a WpÜG) Squeeze-Out von Minderheitsaktionären kennt, ist das Delisting Verfahren derzeit die einzige Möglichkeit zur vollständigen Übernahme einer indischen börsennotierten Zielgesellschaft. Es bleibt zu hoffen, dass die Reform der Delisting Guidelines dazu genutzt wird, einen Preisbildungsmechanismus zu schaffen, der einen gerechten Ausgleich zwischen den wirtschaftlichen Interessen der Minderheitsaktionäre einerseits und denen des Hauptaktionärs andererseits schafft.

4. Bedingungen

a) WpÜG

Während Pflichtangebote nach der Logik des WpÜG bedingungsfeindlich sind – ansonsten könnte sich der Bieter der Pflicht zum Erwerb der ihm von den Minderheitsaktionären angedienten Aktien allzu leicht entziehen – sind Bedingungen bei freiwilligen Angeboten eher die Regel.

Aber auch bei freiwilligen Angeboten ist es dem Bieter nach deutschem Übernahmerecht untersagt, das öffentliche Angebot von Bedingungen abhängig zu machen, deren Eintritt der Bieter oder ihm zuzurechnende Personen ausschließlich selbst herbeiführen können, § 18 Abs. 1 WpÜG. Ferner darf das Angebot nach § 18 Abs. 2 WpÜG nicht unter dem Vorbehalt des Widerrufs oder des Rücktritts abgegeben werden. § 18 WpÜG soll die grundsätzliche Bindung des Bieters an sein Angebot gewährleisten und soll im Hinblick auf die Verlässlichkeit des Angebots verhindern, dass der Bieter sich durch seine eigene Willensentscheidung von seinem Angebot lösen kann.[129] In diesen Grenzen steht es dem Bieter indes frei, sein Angebot mit Bedingungen zu versehen. Üblich sind insbesondere freiwillige Angebote, deren Erfolg vom Erreichen einer bestimmten Mindestannahmeschwelle und von der Erteilung behördlicher Genehmigungen abhängig gemacht wird. Unter engen Voraussetzungen zulässig,[130] aber in Deutschland nicht durchgängige Praxis, ist die Aufnahme sog. MAC (Material Adverse Change) Klauseln, also einer Bedingung, dass sich in der Geschäftstätigkeit oder der Finanz- oder Vermögenslage der Zielgesellschaft keine nachteiligen Änderungen ergeben haben. Denkbar ist auch, dass der Bieter das Angebot unter die Bedingung stellt, dass Vorstand und Aufsichtsrat der Zielgesellschaft das Angebot des Bieters in ihrer Stellungnahme nach § 27 WpÜG unterstützen oder dass die Zielgesellschaft von bestimmten, in der Angebotsunterlage genau spezifizierten Verteidigungsmaßnahmen absieht. Falls die Zustimmung der Gesellschafterversammlung des Bieters rechtlich erforderlich ist, kann der Bieter das Angebot unter einen entsprechenden Zustimmungsvorbehalt stellen, hat den Beschuss aber nach § 25 WpÜG unverzüglich, jedenfalls bis zum fünften Werktag vor Ablauf der Annahmefrist herbeizuführen. Andere Gremienvorbehalte sind unzulässig. Ebenfalls unzulässig sind Angebote, die bedingt sind durch Finanzierungsvorbehalte oder praktisch unerfüllbare Bedingungen. Das deutsche Übernahmerecht gestattet dem Bieter den Verzicht auf einzelne oder

---

[129] Begr. RegE, BT-Drucks. 14/7034, S. 47.

[130] Dringend zu beachten ist, dass die Bedingungen, unter denen ein MAC als eingetreten gilt, detailliert in der Angebotsunterlage beschrieben sind, so dass es sich für einen objektiven Dritten unproblematisch nachvollziehen lässt, ob die Bedingung erfüllt ist oder nicht. Möglich ist etwa, die einen MAC auslösenden Ereignisse an das Vorliegen einer Ad-hoc-Meldung nach § 15 WpHG zu koppeln.

sämtliche Angebotsbedingungen bis zu einem Werktag vor Ablauf der Annahmefrist, § 21 Abs. 1 Nr. 4 WpÜG. In der Praxis kommt es häufig zu einer Verringerung der Mindestannahmeschwelle; dies ist ebenfalls bis zu einem Werktag vor Ablauf der Annahmefrist möglich, § 21 Abs. 1 Nr. 3 WpÜG. Im Falle einer Änderung des Angebots innerhalb der letzten zwei Wochen vor Ablauf der Annahmefrist verlängert sich die Annahmefrist um zwei Wochen, § 21 Abs. 5 WpÜG.

b) Takeover Regulations

Das indische Übernahmerecht schränkt die Privatautonomie des Bieters bei der Ausgestaltung seines öffentlichen Angebots deutlich stärker ein. Neben dem Erfordernis der Erteilung behördlicher Genehmigungen[131] ist die Bestimmung einer Mindestannahmeschwelle[132] die einzig zulässige Bedingung, von welcher der Bieter die Durchführung seines öffentlichen Angebots abhängig machen darf; andere Bedingungen sind nicht gestattet. Die Mindestannahmeschwelle kann oberhalb oder unterhalb des generellen Mindestumfangs von 20 % der Aktien der Zielgesellschaft liegen.[133] Hat der Bieter 50 % der insgesamt zu zahlenden Gegenleistung in bar treuhänderisch hinterlegt, braucht er bei Nichterreichen der Mindestannahmeschwelle keine einzige Aktie zu erwerben.[134] In allen anderen Fällen ist das Angebot in dem gesetzlich bestimmten Mindestumfang[135] durchzuführen.

Eine wichtige Einschränkung ist im Hinblick auf Mindestannahmeschwellen indes zu beachten: Steht das öffentliche Angebot unter einer Mindestannahmeschwelle, ist dem Bieter während der Annahmefrist der Erwerb von Aktien der Zielgesellschaft außerhalb des Angebots untersagt, Regulation 22(8)(ii).[136] Wird die Angebotspflicht durch ein zugrundeliegendes Rechtsgeschäft über den Erwerb von stimmberechtigten Aktien ausgelöst, hat der Bieter sicherzustellen, dass auch dieses Geschäft rückabgewickelt wird, falls die Mindestannahmeschwelle nicht erreicht wird[137]; anderenfalls könnte der Bieter sich im Einzelfall seiner Erwerbspflicht hinsichtlich der von den Minderheitsaktionären angedienten Aktien allzu leicht entziehen und die ihm obliegende Erwerbspflicht durch die Bestimmung einer Mindestannahmeschwelle unterlaufen.

---

[131] Vgl. hierzu Regulation 27.

[132] Regulation 21A i.V.m. Regulation 22(8).

[133] Daran, dass das Angebot grundsätzlich für mindestens weitere 20 % der Aktien der Zielgesellschaft abzugeben ist, ändert die Festlegung einer Mindestannahmeschwelle nichts.

[134] Regulation 22(8)(i).

[135] Dazu oben unter C.V.3.

[136] Einzige Ausnahme ist der Erwerb durch Ausgabe neuer Aktien.

[137] Regulation 21A.

5. Rücktritt vom öffentlichen Angebot

Wie bereits dargestellt, sind Widerrufs- und Rücktrittsvorbehalte im deutschen Übernahmerecht gemäß § 18 Abs. 2 WpÜG stets unzulässig.

Auch in Indien bestehen zum Schutz der Kapitalmärkte und im Hinblick auf den Grundsatz der Verlässlichkeit öffentlicher Angebote nur stark eingeschränkte Möglichkeiten für einen Rücktritt des Bieters von seinem öffentlichen Angebot. Nach Regulation 27 ist ein Rücktritt nur in folgenden abschließenden Fällen gestattet:

- Nichterteilung gesetzlich vorgeschriebener Genehmigungen; oder
- Ableben des einzigen Bieters, wenn es sich bei diesem um eine natürliche Person handelt; oder
- Umstände, die nach Auffassung des SEBI einen Rücktritt rechtfertigen.

Im Zweifel werden diese Fallgruppen vom SEBI eher restriktiv gehandhabt.

VI. Konkurrierende Angebote

1. WpÜG

Im deutschen Übernahmerecht werden die Auswirkungen eines konkurrierenden Angebots auf ein bereits laufenden öffentliches Angebot in § 22 WpÜG beschrieben. Hiernach ergeben sich aus einem konkurrierenden Angebot zwei Konsequenzen: Zum einen führt ein konkurrierendes Angebot zu einer Verlängerung der Annahmefrist des ursprünglichen Angebots in der Weise, dass es zu einer Synchronisierung des Fristenlaufs beider Angebote kommt (§ 22 Abs. 2 WpÜG). Zum anderen löst das konkurrierende Angebot nach § 22 Abs. 3 WpÜG ein gesetzliches Rücktrittsrecht solcher Aktionäre aus, die das ursprüngliche Angebot vor Veröffentlichung der Angebotsunterlage des konkurrierenden Angebots bereits angenommen haben.[138]

---

[138] In der Praxis der BaFin gibt es bei konkurrierenden Angeboten verschiedene Modifikationen zu §§ 21, 22 WpÜG. So findet nach Auffassung der BaFin etwa § 22 Abs. 2 WpÜG entsprechend Anwendung auf das konkurrierende Angebot, wenn das ursprüngliche Angebot gemäß § 21 Abs. 5 WpÜG (Änderung innerhalb der letzten zwei Wochen der Angebotsfrist) verlängert wird. Ferner wird § 21 Abs. 6 WpÜG (Verbot erneuter Änderungen des Angebots in der nach § 21 Abs. 5 WpÜG verlängerten Frist) in solchen Fällen gegebenenfalls nicht angewendet, z. B. nicht auf „Änderungen" des Angebots infolge von Parallelerwerben zu höheren Preisen als dem Angebotspreis.

2. Takeover Regulations

Im indischen Übernahmerecht befasst sich Regulation 25 mit konkurrierenden Angeboten. Regulation 25(1) bestimmt, dass konkurrierende Angebote nur innerhalb von 21 Tagen nach Veröffentlichung des Public Announcement für das ursprüngliche Angebot abgegeben werden können. Dabei handelt es sich um eine harte Frist; nach Ablauf der Frist sind konkurrierende Angebote unzulässig, Regulation 25(2).[139]

a) Umfang des konkurrierenden Angebots

Hinsichtlich des Umfangs des konkurrierenden Angebots bestimmt Regulation 25(3), dass es – zusammen mit einer bereits bestehenden Beteiligung des konkurrierenden Bieters – mindestens für die Anzahl von Aktien abgegeben werden muss, die der ursprüngliche Bieter bei unterstellter vollständiger Annahme seines Angebots am Ende der Annahmefrist gehalten hätte.

b) Änderungen des Angebots

Nach Veröffentlichung des Public Announcement für das konkurrierende Angebot eröffnet Regulation 25(4) dem Bieter des ursprünglichen Angebots die Möglichkeit, sein Angebot binnen 14 Tagen zu modifizieren. In einem solchen Fall hat eine weitere entsprechende öffentliche Bekanntmachung zu erfolgen. Erhöhungen der jeweiligen Gegenleistungen und des Umfangs des jeweiligen Angebots ist für sämtliche Bieter bis zu sieben Werktagen vor Ablauf der Annahmefrist möglich, Regulation 25(6).[140]

c) Synchronisierte Annahmefristen

Wie im deutschen Recht bestimmen auch die Takeover Regulations einen Gleichlauf der Annahmefristen. Insofern regelt Regulation 25(7), dass sämtliche Angebote mit Ablauf der Annahmefrist für das letzte konkurrierende Angebot gleichzeitig enden.

---

[139] Für öffentliche Angebote mit einem Public Sector Undertaking als Zielgesellschaft können ab Abschluss eines Kaufvertrages mit hoheitlichen Stellen keine konkurrierenden Angebote mehr abgegeben werden, Regulation 25(2A).

[140] Im Falle einer Erhöhung der Gegenleistung und / oder des Umfangs des Angebots sind ferner folgende Maßnahmen durchzuführen: (i) Veröffentlichung eines weiteren Public Announcement in derselben Form wie das jeweilige ursprüngliche Public Announcement; (ii) Mitteilung der Erhöhung an SEBI, sämtliche Börsen, an denen die Aktien der Zielgesellschaft notiert sind, sowie an die Zielgesellschaft; (iii) entsprechende Erhöhung des hinterlegten Escrow Betrages im Sinne von Regulation 28(9).

VII. Rechtsfolgen bei Verstößen

Im deutschen Übernahmerecht regelt Abschnitt 8 des WpÜG (§§ 59 ff. WpÜG) die Sanktionen bei Verletzung der durch das WpÜG begründeten Pflichten. § 59 WpÜG begründet einen Rechtsverlust für Rechte aus Aktien für die Zeit, für welche Pflichten nach § 35 Abs. 1 und 2 WpÜG nicht erfüllt werden.[141] § 60 WpÜG enthält einen extensiven Bußgeldkatalog.

Nach indischem Recht löst eine Verletzung der Bestimmungen der Takeover Regulations folgende mögliche Konsequenzen aus:

- Weisungsrecht des SEBI: Nach Regulation 44 steht es im Ermessen des SEBI, im Interesse der Kapitalmärkte oder zum Schutz der Interessen von Investoren spezifische Weisungen zu erteilen. Regulation 44 enthält einen nicht abschließenden Katalog möglicher Weisungen. Diese umfassen u.a. folgende Anordnungen: Veräußerungszwang hinsichtlich solcher Aktien, die unter Verstoß gegen die Vorschriften der Takeover Regulations erworben wurden; Übertragungszwang bezüglich Erträgen aus rechtswidrig erworbenen Aktien an einen Investorenschutzfonds; Rechtsverlust hinsichtlich rechtswidrig erworbener Aktien; Handelsverbot hinsichtlich rechtswidrig erworbener Aktien. In der Praxis üblich ist insbesondere die an den Bieter gerichtete Weisung, den das verspätete öffentliche Angebot annehmenden Aktionären die Gegenleistung zuzüglich Zinsen (üblicherweise zwischen 10 % und 15 % p.a.) ab dem Zeitpunkt zu gewähren, ab dem das Angebot bei Beachtung der Takeover Regulations üblicherweise abgewickelt gewesen wäre.

- Verfall des Escrow-Betrages: Nach Regulation 28(11) i.V.m. 45(2) kann das SEBI den Verfall des gesamten hinterlegten Escrow-Betrages nach Regulation 28 (oder eines Teils davon) anordnen. Dies sind je nach Angebotskonstellation, wie bereits dargestellt,[142] zwischen 25 % und 100 % des gesamten Gegenleistungsbetrages.

- Rückabwicklung von die Angebotspflicht auslösenden Erwerben: In der Rechtssache *Hardy Oil (P) Ltd. v. SEBI*[143] hat das SAT festgestellt, dass in jeden eine Angebotspflicht auslösende Aktienkaufvertrag eine Verpflichtung „hineinzulesen" ist, wonach der Vertrag im Falle von Verstößen gegen

---

[141] Die Pflichen nach § 35 Abs. 1 und 2 WpÜG sind: (i) die Pflicht zu veröffentlichen, dass die Kontrolle über die Zielgesellschaft erlangt wurde; (ii) die Pflicht, der BaFin die Angebotsunterlage zu übermitteln; und (iii) die Pflicht, ein Pflichtangebot zu veröffentlichen. Für den zeitweiligen Rechtsverlust genügt die Verletzung einer dieser Pflichten.

[142] Vgl. oben C.IV.1.b).

[143] *Hardy Oil (P) Ltd. v. SEBI*, (2006) 68 SCL 287 (SAT) (online abrufbar unter http://www.sebi.gov.in).

die Takeover Regulations nicht vollzogen werden darf bzw. rückabgewickelt werden muss.

- Sperrfrist: Kommt der Bieter seinen Verpflichtungen nach Kapitel III und IV der Takeover Regulations[144] nicht nach, bestimmt Regulation 22(15) eine zwölfmonatige Sperrfrist ab Ende der Annahmefrist für die Abgabe *jeglicher* öffentlicher Angebote für börsennotierte Gesellschaften durch den Bieter.[145] Von dem Verbot erfasst ist wohl nur der Bieter selbst, nicht hingegen mit ihm gemeinsam handelnde Personen.[146]
- Persönliche Haftung: Für fehlerhafte, unvollständige oder irreführende Informationen gegenüber Aktionären (z.B. in der Angebotsdokumentation) können je nach Sachverhalt der Bieter (wenn der Bieter eine natürliche Person ist), die Mitglieder des Leitungsorgans des Bieters (wenn der Bieter eine juristische Person ist), die Directors der indischen Zielgesellschaft sowie der Merchant Banker sowohl straf- als auch zivilrechtlich belangt werden, Regulation 45(5).

VIII. Verhaltenspflichten der Organe der Zielgesellschaft

1. WpÜG

§ 3 Abs. 3 WpÜG bestimmt, dass Vorstand und Aufsichtsrat der Zielgesellschaft im Interesse der Zielgesellschaft handeln müssen.[147] Die Pflichten der Organe in der Übernahmesituation werden konkretisiert durch §§ 27, 33 und 33a WpÜG.

§ 27 WpÜG normiert die Pflicht von Vorstand und Aufsichtsrat zur Abgabe einer begründeten Stellungnahme zum Angebot des Bieters.[148] Diese Stellungnahme ist, nachdem der Bieter die Angebotsunterlage an die Ziel-

---

[144] Kapitel III umfasst Regulations 10 bis 29 und damit insbesondere die Vorschriften über die Angebotspflicht und die damit verbundenen umfangreichen Pflichten. Kapitel IV betrifft die in der Praxis weitaus weniger relevanten sog. Bailout Takeovers, die hier nicht erörtert werden sollen.

[145] Nach Regulation 22(15) ist es dem Bieter untersagt „any offer for acquisition of shares of *any listed company* for a period of twelve months from the date of closure of offer" abzugeben (Hervorhebung durch Verf.). Etwas anderes gilt bei der Sperrfrist nach § 26 WpÜG, wenn ein freiwilliges Angebot nach § 15 Abs. 1 oder 2 WpÜG untersagt wurde oder das Angebot mangels Erreichen der Mindestannahmeschwelle scheitert. Nach WpÜG gilt die Sperre nach § 26 WpÜG nur hinsichtlich der Abgabe eines weiteren Angebots für die Aktien *derselben* Zielgesellschaft.

[146] Dies entspricht der wohl herrschenden Meinung zur Sperrfrist nach § 26 WpÜG.

[147] Im Hinblick auf die allgemeinen aktienrechtlichen Bestimmungen hat diese Vorschrift lediglich klarstellende Funktion.

[148] Die gesetzlichen Mindestinhalte für die Stellungnahme folgen aus § 27 Abs. 1 Nr. 1-4 WpÜG. Was ihre Struktur anbelangt, sind die Stellungnahmen von Vorstand und Aufsichtsrat der Zielgesellschaft in der Übernahmepraxis relativ stark standardisiert.

gesellschaft übermittelt hat, unverzüglich zu veröffentlichen. Die Praxis nimmt hierfür eine Regelobergrenze von 10 bis 14 Tagen an.

§ 33 Abs. 1 Satz 1 WpÜG schränkt den Handlungsspielraum des Vorstands bei Übernahme- und Pflichtangeboten ein, indem er solche Handlungen untersagt, durch die der Erfolg des Angebots verhindert werden könnte (sog. Verhinderungsverbot).[149] Das Verhinderungsverbot gilt jedoch nach Satz 2 derselben Vorschrift nicht für Handlungen, die auch ein ordentlicher und gewissenhafter Geschäftsleiter einer Gesellschaft, die nicht von einem Übernahmeangebot betroffen ist, vorgenommen hätte, für die Suche nach einem konkurrierendem Angebot sowie für Handlungen, denen der Aufsichtsrat der Zielgesellschaft zugestimmt hat. Aus § 33 Abs. 2 WpÜG ergibt sich, dass die Hauptversammlung den Vorstand der Zielgesellschaft zur Vornahme genau bestimmter Abwehrmaßnahmen ermächtigen kann. Der Ermächtigungsbeschluss bedarf der ¾-Mehrheit.[150] Eine Einschränkung der Verteidigungsmöglichkeiten besteht nach den §§ 33a ff. WpÜG, wenn die Satzung der Zielgesellschaft deren Anwendbarkeit vorsieht (sog. Opt-in). Dann richten sich die zulässigen Abwehrmaßnahmen nicht nach § 33 WpÜG, sondern nach dem strengeren – die Bestimmungen der EU-Übernahmerichtlinie abbildenden – Maßstab der §§ 33a ff. WpÜG.[151] Von einem Opt-in wurde bislang allerdings kaum Gebrauch gemacht.

---

[149] Das deutsche Recht bietet der Zielgesellschaft eine Vielzahl von Möglichkeiten, um sich gegen eine Übernahme zu verteidigen. Eine ausführlichere Darstellung soll im Rahmen dieses Praxishandbuchs unterbleiben.

[150] Die Satzung kann eine größere Kapitalmehrheit und weitere Erfordernisse bestimmen.

[151] Nach § 33a Abs. 2 WpÜG dürfen nach Veröffentlichung der Entscheidung zur Abgabe eines Angebots bis zur Veröffentlichung des Ergebnisses des öffentlichen Angebots Vorstand und Aufsichtsrat der Zielgesellschaft keine Handlungen vornehmen, durch die der Erfolg des Übernahmeangebots verhindert werden könnte. Damit erfasst das Verhinderungsverbot nach § 33a Abs. 2 WpÜG ausdrücklich auch den Aufsichtsrat der Zielgesellschaft. Das erweiterte europäische Verhinderungsverbot gilt nicht für folgende Handlungen: (i) Handlungen, zu denen die Hauptversammlung den Vorstand oder Aufsichtsrat nach Veröffentlichung der Entscheidung zur Abgabe eines Angebots ermächtigt hat: anders als bei § 33 WpÜG gilt hier keine Privilegierung für Handlungen, zu denen der Vorstand durch den Aufsichtsrat ermächtigt wurde. (ii) Handlungen innerhalb des normalen Geschäftsbetriebs; (iii) Handlungen außerhalb des normalen Geschäftsbetriebs sofern sie der Umsetzung von Entscheidungen dienen, die vor der Veröffentlichung der Entscheidung zur Abgabe eines Angebots gefasst und teilweise umgesetzt wurden, und (iv) die Suche nach einem konkurrierenden Angebot.

2. Takeover Regulations

Aus den allgemeinen gesellschaftsrechtlichen Treuepflichten folgt, dass die Mitglieder des Board of Directors bei ihren Handlungen an das Unternehmensinteresse gebunden sind. Die Verhaltenspflichten des Board of Directors der Zielgesellschaft in der Übernahmesituation werden durch Regulation 23 konkretisiert.[152]

Eine Verpflichtung zur Abgabe einer Stellungnahme des Board of Directors zum Angebot des Bieters besteht anders als im deutschen Recht nicht. Regulation 23(4) stellt es in das Ermessen des Board of Directors, ob eine Empfehlung hinsichtlich des Angebots abgegeben wird oder nicht.

Nach Regulation 23(1) ist dem Board of Directors der Zielgesellschaft während der Angebotsfrist die Vornahme bestimmter Maßnahmen untersagt:

- Verkauf, Übertragung, Belastung von Assets außerhalb des üblichen Geschäftsbetriebs;
- die Ausnutzung genehmigten Kapitals durch Ausgabe neuer stimmberechtigter Aktien der Zielgesellschaft ist nur sehr eingeschränkt möglich; zulässig ist die Ausgabe von Aktien bei Ausübung von Optionen und Wandlungsrechten zu vor der Übernahme festgelegten Konditionen[153];
- Abschluss wichtiger Verträge (Material Contracts).

Diese Beschränkungen gelten nicht für den Fall, dass die Hauptversammlung der Zielgesellschaft das Board of Directors nach Veröffentlichung des Public Announcement zur Vornahme der Maßnahme ermächtigt.

Auch wenn feindliche Übernahmen in der indischen Übernahmepraxis – wie eingangs erwähnt – bislang kaum vorkommen, sind sie unter den geltenden Takeover Regulations möglich. Anders als in vielen europäischen Rechtsordnungen sowie in den USA stehen der indischen Zielgesellschaft indes nur beschränkte Abwehrmöglichkeiten zur Verfügung. Überblicksartig sei auf folgende Punkte hingewiesen, die in der indischen Übernahmepraxis diskutiert werden:

- Shareholder Rights Plan: Eine insbesondere aus der US-amerikanischen Übernahmepraxis bekannte und effektive Poison Pill ist der sog. Shareholder Rights Plan. Hiernach gewährt die Zielgesellschaft sämtlichen Aktionären mit Ausnahme des feindlichen Bieters einen Anspruch auf den Erwerb von Aktien der Zielgesellschaft zu einem erheblich reduzierten Kauf-

---

[152] Indische Gesellschaften sind nach dem Mono-Board-Konzept aufgebaut, d.h. sie verfügen nur über ein Board of Directors. Ein dem Aufsichtsrat einer deutschen Aktiengesellschaft entsprechendes Überwachungsorgan existiert im indischen Recht nicht.

[153] Allerdings finden hierbei die Mindestpreisregelungen der DIP Guidelines Anwendung, vgl. dazu im Folgenden im Zusammenhang mit sog. Shareholder Rights Plans.

preis (üblich ist ein Abschlag von etwa 50 %). Das Erwerbsrecht wird ausgelöst, sobald ein Bieter gegen den Willen des Board of Directors eine bestimmte Beteiligungsschwelle an der Zielgesellschaft (üblicherweise 10 % bis 15 %) überschreitet. Durch einen solchen Shareholder Rights Plan werden die Aktionäre zum Erwerb von Aktien der Zielgesellschaft incentiviert, was zu einer substantiellen Verwässerung der Beteiligung des feindlichen Bieters führt. Nach indischem Recht dürfte diese Form der Poison Pill indes keine Wirkung entfalten: Zwar ist es möglich, entsprechende Optionen zu schaffen, doch kann die Ausgabe der Aktien nicht unterhalb des von den DIP Guidelines vorgeschriebenen Mindestpreises erfolgen. Danach müsste der von den Aktionären gezahlte Kaufpreis mindestens dem höheren der folgenden Börsenkurse der Aktien der Zielgesellschaft entsprechen: (i) dem Durchschnitt der wöchentlichen Höchst- und Tiefstwerte der Schlusskurse der Aktien der Zielgesellschaft während der letzten sechs Monate; oder (ii) dem Durchschnitt der wöchentlichen Höchst- und Tiefstwerte der Schlusskurse der Aktien der Zielgesellschaft während der letzten zwei Wochen.[154] Die Stärke des Shareholder Rights Plan liegt indes gerade in der wirtschaftlich attraktiven, günstigen Erwerbsmöglichkeit.

- Staggered Boards: Einem feindlichen Bieter ist naturgemäß daran gelegen, das seinen Avancen ablehnend gegenüberstehende Board of Directors der Zielgesellschaft personell zu ersetzen. Um dies zu erschweren, richten Gesellschaften insbesondere in den USA sog. Staggered Boards ein, wonach pro Jahr nur ein Drittel der Directors der Wiederwahl bedürfen. Ein feindlicher Bieter müsste somit zumindest zwei Anläufe nehmen, um eine Mehrheit im Board of Directors zu erlangen. In Indien bieten Staggered Boards hingegen keine taugliche Verteidigung gegen feindliche Übernahmen, da sämtliche Directors ohne Vorliegen eines Grundes jederzeit durch einen entsprechenden Beschluss der Gesellschafterversammlung (dieser bedarf lediglich der einfachen Mehrheit) abberufen werden können. Dabei handelt es sich um eine zwingende gesetzliche Vorgabe, die auch nicht durch Gesellschafterbeschluss oder Satzungsänderung abbedungen werden kann. Will ein Bieter während der Annahmefrist Mitglieder für das Board of Directors benennen, hat er – wie bereits dargelegt[155] – 100 % des gesamten Gegenleistungsvolumens als Escrow zu hinterlegen, Regulation 22(7).

- Mögliche Verteidigungsstrategien: Soweit die Hauptversammlung nach dem Zeitpunkt der Veröffentlichung des Public Announcement einen entsprechenden Zustimmungsbeschluss fasst, sind Maßnahmen möglich wie

---

[154] Clauses 13.1.2.1 i.V.m. 13.1.1.1 der DIP Guidelines.

[155] Vgl. oben C.IV.1.b).

die Veräußerung von „Crown Jewels“ und andere sog. Scorched Earth Tactics wie etwa die Schließung von Produktionsstätten oder weitere Maßnahmen, deren Ziel die Abschreckung des feindlichen Bieters durch die Vernichtung von Werten der Zielgesellschaft beinhaltet. Allerdings entspricht dies häufig nicht den Aktionärsinteressen, so dass entsprechende Hauptversammlungsbeschlüsse vielfach nicht erreichar sein werden. Zulässig ist ferner die Suche nach einem konkurrierenden Bieter (sog. White Knight). Während Regulation 23(1)(c) den Abschluss von Material Contracts während der Angebotsdauer verbietet, sagt die Vorschrift nichts über die Beendigung solcher Verträge aus; je nach Wirtschaftszweig kann dies die kommerzielle Logik des Bieters erheblich stören. Des Weiteren rechtlich zulässig sind die Aufnahme von Change of Control Klauseln in wichtige Verträge sowie die Vereinbarung von sog. Golden Parachutes in Vereinbarungen mit dem Management.

Im Zusammenhang mit den Verhaltenspflichten des Board of Directors der indischen Zielgesellschaft bei feindlichen Übernahmen gilt zu beachten, dass bislang mangels entsprechender Praxis keine gesicherte Erkenntnisgrundlage existiert.

Anlagenverzeichnis

Anlage 1: Standardformat Public Announcement

FORMAT OF PUBLIC ANNOUNCEMENT

Public Announcement to the Shareholders of (Target Company)

This Public Announcement is being issued by (Manager to the Offer), on behalf of (Acquirer(s)) pursuant to Regulation (10,11(1),11(2) or 12 as the case may be) and as required under the Securities And Exchange Board of India (Substantial Acquisition of Shares and Takeovers) Regulations 1997 [SEBI (SAST) Regulations 1997] and subsequent amendments thereto.

The offer

1. Name of acquirer and also Persons acting in concert with acquirer (PAC) for the purpose of the offer.
2. Details of the acquisition proposed to be made by way of MOU or market purchases before the Public Announcement viz mode of acquisition, date in case of agreement/MOU, number and percentage of shares (fully paid up / partly paid up shares) of **Target Company** proposed to be acquired, acquisition price for fully paid up shares / partly paid up shares, group to which seller belong to (i.e. whether promoter), mode of payment of consideration, whether offer is as a result of global acquisition resulting in indirect acquisition of the target company etc.
3. Number and percentage of shares proposed to be acquired from the existing shareholders through the open offer and the offer price for fully paid-up/ partly paid-up shares. Minimum level of acceptance (number and percentage of shares), a lower price for the minimum acceptance of 20%, if any, in case of conditional offer.
4. Indicate whether the shares of Target Company are frequently or infrequently traded as per Regulations. Disclose the highest and the average price paid by the acquirer or PAC with him for said acquisition, if any of the shares of Target Company acquired by him during the 12 months period prior to date of Public Announcement. Also justify the offer price in terms of regulations.
5. Disclose share holding, if any, of the acquirer/ PAC in the Target Company as on date of Public Announcement. If the acquirers do not hold any shares, a statement to this effect shall be mentioned.
6. In case, it is a competitive bid, whether the same is as per sub regulation (1) and (3) of regulation 25 and state so by giving details of the original bid viz. name of Original bidder, number and percentage of shares proposed to be

acquired by the Original bidder, the offer price, the dates and names of newspapers in which that Public Announcement appeared.

Information about Acquirer(s) and Person acting in concert with him

1. Name, address of Acquirer and PAC.
2. In case acquirer(s) is a company(ies), name of its promoters and/ or persons having control over it as the case may be, and the group to which they belong to.
3. In case, acquirer is a company, disclose the latest financial data including ratios viz. return on networth, Book value, EPS, PE multiple only if listed (based on audited accounts). Also disclose whether it is a listed, if yes, disclose names of stock exchanges where shares are listed.
4. In case acquirer is individual, his net worth as on a particular date, duly certified by a Chartered Accountant (membership number and address of Chartered Accountant).
5. Relation, if any, between the acquirer and Person acting in concert with it.
6. Line of business and experience.

Information about the Target Company

1. Name of the Target Company, recent name changes, if any, date of incorporation, Address of registered office.
2. Total paid up capital of Target Company as on Public Announcement (fully paid up and partly paid up shares separately). If there are no partly paid up shares, a specific statement to this effect shall be incorporated. If yes, disclose as to whether partly paid shares carry voting rights.
3. Line of business.
4. Stock exchanges where shares of Target Company are listed.
5. Brief Financials of Target Company for the latest year (based on audited accounts).

Reasons for the Acquisition and offer and future plan about Target Company, if any.

1. Indicate the reason for the acquisition from the following options, as the case may be:
   (i) Consolidation of holdings.
   (ii) Substantial acquisition of shares or voting rights without change in control or management.
   (iii) Substantial acquisition of shares or voting rights accompanied with change in control/ management.
   (iv) Change in control or management without any substantial acquisition of shares or voting rights.
   (v) Rehabilitation of Target company.
   (vi) Global acquisition resulting in indirect acquisition.
2. State clearly the object and purpose of acquisition and give disclosures about the acquirer's intention regarding disposal of or otherwise encumbrance of any assets of Target Company in succeeding two years except in ordinary course of business of the Target Company.
3. If Acquirer has any future plan about Target Company, the same shall be specified and also as to how acquirer proposes to implement such future plans.
4. Disclose that the acquirer shall not sell, dispose of or otherwise encumber any substantial asset of the Target Company except with the prior approval of the shareholders and furnish an undertaking to this effect.

Statutory Approvals/ other approvals required for the offer

1. State all the statutory approvals which are required for the purpose of acquisition of shares under the offer and also the status of the applications made in that regard as on Public Announcement.
2. Incorporate a specific statement that no other statutory approvals other than the one mentioned above are required for this purpose.
3. Disclose that in case of non receipt of statutory approvals within time, SEBI has a power to grant extension of time to acquirer for payment of consideration to shareholders subject to Acquirer agreeing to pay interest as directed by SEBI (Regulation 22(12)).
4. Indicate the approval, if any, required from FIs/Banks for the said offer.

Option to the acquirer in terms of Regulation 21(3)

Indicate clearly which of the options given in Regulation 21(3), shall be exercised by the acquirer in case the public shareholding falls to 10% or less, after the offer. In case, acquirer intends to exercise the delisting option provided in the Regulations, give all relevant disclosure as required under the guidelines specified by the Board in respect of delisting of securities, as per the undertaking, to be furnished to SEBI by the acquirer, as per the format given in Annexure II of standard letter of offer.

Financial Arrangements

1. Incorporate a statement that acquirer has adequate resources to meet the financial requirements of the offer in terms of Regulation 16(xiv) and give details regarding the sources of the funds whether domestic i.e. from banks, FIs or Foreign i.e. from NRIs or otherwise.
2. Indicate the total fund requirement for the offer, details of the escrow account, amount deposited by way of cash, bank guarantee, securities as the case may be, tenure of the guarantee, name and address of the bank, details of securities etc.
3. Indicate that Merchant Banker has been duly authorised by acquirer to realize the value of escrow account in terms of regulations.
4. Incorporate a confirmation from the Merchant Banker that the firm arrangements for funds and money for payment through verifiable means are in place to fulfill the offer obligations.

Other terms of the offer

1. In case, it is a conditional offer, state clearly the conditions mainly the minimum level of acceptance. Further in case 50% deposit has been made in escrow then indicate the implication of this on the offer.
2. State that Letter of Offer shall be mailed to all shareholders (except the acquirers, the persons acting in concert with acquirers and parties to agreements, if applicable) whose names appear in register of Target Company as on specified date.
3. Indicate that all the shareholders (except the acquirers, the persons acting in concert with acquirers and parties to agreements, if applicable) who own the shares of Target Company anytime before the closure of the offer are eligible to participate in the offer. Specify the procedure for applying in the offer. For shareholders who will not receive the Letter of Offer, clearly specify the details to be given on plain paper and also the documents to be forwarded. In case the shares are in demat form, specify the details such as DP name, DP

ID No, Beneficiary account number etc. and also relevant instructions including that the shareholders should ensure to credit their shares in favour of depository account before the closure of the offer.

4. Shareholders' attention may be invited to the fact that the Letter of Offer alongwith form of acceptance would also be available at SEBI's web site http://www.sebi.gov.in/ and downloading the form of acceptance from the web site for applying in the offer is one of the alternatives available to them.
5. In case the Registrar to offer is not finalized at the time of Public Announcement, shareholders should be asked to send it to Manager to the offer.
6. Incorporate a statement that no indemnity is required from unregistered shareholders.
7. Incorporate specific details as to how basis of acceptance will be done and also state that rejected documents will be sent by registered post.
8. Give schedule of the activities pertaining to the offer as per table given below. Disclose the day along with the dates in the activity schedule i.e. January 1, 2002 (Tuesday). While complying with Regulation 22(4) and 22(5) ensure that the date of opening and closing of the offer do not fall on a Sunday or a holiday.

Activity	**Day and Date**
Specified date	
Letter Of Offer to be posted to shareholders	
Date of opening of the offer	
Date of closing of the offer	
Last date for a competitive bid	
Last date for revising the offer price/ number of shares	
Date of communicating rejection/ acceptance and payment of consideration for applications accepted	

General

1. Disclose the following "Shareholders who have accepted the offer by tendering the requisite documents, in terms of the Public Announcement / Letter of Offer, can withdraw the same upto three working days prior to the date of the closure of the offer"
2. Incorporate a statement that acquirer can revise the price upwards up to 7 working days prior to closure of the offer and revision, if any, in the offer price would appear in the same newspapers where Public Announcement has appeared and same price would be paid to all shareholders who tender their shares in the offer.

3. Disclose the following in bold "**If there is competitive bid:**
   i. **The public offers under all the subsisting bids shall close on the same date.**
   ii. **As the offer price can not be revised during 7 working days prior to the closing date of the offers / bids, it would, therefore, be in the interest of shareholders to wait till the commencement of that period to know the final offer price of each bid and tender their acceptance accordingly."**
      i. Any other details pertaining to the offer or acquisition prior to offer, which is considered relevant for the shareholders' point of view.
      ii. Confirm and disclose as to whether or not any of the acquirers, sellers or the Target Company has been prohibited by SEBI from dealing in securities, in terms of direction issued u/s 11B of SEBI Act.
      iii. Incorporate a statement that Public Announcement would also be available on the SEBI website at http://www.sebi.gov.in/
      iv. Name and address, telephone, email address and contact person of Manager to the offer and Registrar to the offer, if any.
      v. Incorporate a statement that Public Announcement is issued on behalf of acquirer(s) by the Manager to the offer.
      vi. Give name and address of acquirer and incorporate a responsibility statement by acquirer(s) i.e "Acquirer and PAC with him (Directors in case acquirer is a company) accept the responsibility for the information contained in the Public Announcement and also for the obligations of acquirers laid down in the SEBI (Substantial Acquisition of Shares and Takeovers) Regulations, 1997" and subsequent amendments made thereof.

******

NOTE

1. **The Merchant Bankers are advised to incorporate the lay out and ensure that all the details mentioned herein are given in the Public Announcement of the offer made in accordance with Regulation 16 of the SEBI (Substantial Acquisition of Shares and Takeovers) Regulations, 1997 and subsequent amendments thereof. However Merchant Banker/ acquirer is free to add any other disclosure(s) which in his opinion is material for shareholders provided such disclosure(s) is not presented in an incomplete, inaccurate or misleading manner.**

2. **Merchant Banker should also mention names and dates of newspapers where the said Public Announcement appeared, in the letter forwarding the Public Announcement to SEBI.**

3. **It has been decided to put the Public Announcements made on or after 1st November, 2001 in terms of the Regulations and the subsequent corrigendum(s), if any, on the SEBI website to facilitate timely flow of information to the shareholders/ investors. Merchant Bankers are, therefore, advised to forward a soft copy of the said Public Announcements and**

subsequent corrigendum(s), if any, to SEBI in HTML format within 2 days of the same appearing in the newspapers along with the printed copy of the same. The soft copy shall be sent along with a duly filled in checklist as per the format given in Annexure I. This checklist can also be used at the time of sending the soft copy of the Final Letter of Offer.

Annexure I

(To be submitted by outside agency while submitting the softcopy to SEBI)

CHECKLIST FOR THE SUBMISSION OF SOFTCOPY OF INFORMATION TO BE PUBLISHED ON SEBI WEBSITE

1. **Soft copy submitted by:**
2. **Content Title:**
3. **Whether the Documents are in HTML format? YES/NO**
4. **Whether the tabular data in the HTML format are in order? YES/NO/N.A.**
5. **Whether the Sr. Numbers of paragraph / points are in order and matches with the printed copy? YES/NO/N.A.**
6. **Whether the alignments of all paragraphs are in order? YES/NO**
7. **Whether all relevant image files, if any are available in the floppy? YES/NO/N.A.**
8. **Whether the contents of the HTML format and Hard copy of the document have been compared and found to be in order ? YES/NO**
9. **Whether the letter of confirmation for the point no. 8 has been enclosed? YES/NO**
10. **Whether the spacing between lines and paragraphs is uniform? YES/NO**
11. **Remarks, if any:**

Prepared by:

Verified by:

Date:

Anlage 2: Standardformat Letter of Offer

STANDARD LETTER OF OFFER
FOR AN OPEN OFFER
IN TERMS OF THE
SEBI (SUBSTANTIAL ACQUISITION OF SHARES AND TAKEOVERS)
REGULATIONS, 1997 AND SUBSEQUENT AMENDMENTS THEREOF

General Instructions:

1. The purpose of this standard Letter of Offer for an open offer made in accordance with Chapter III of the SEBI (Substantial Acquisition of Shares and Takeovers) Regulations, 1997 and subsequent amendments thereof is to provide the requisite information about the acquirer(s) / offer so as to enable the shareholders to make an informed decision of either continuing with the target company or to exit from the target company. Care shall be taken by the Merchant Banker (MB) to ensure that the Letter of Offer may not be technical in legal or financial jargons, but it shall be presented in simple, clear, concise and easily understandable language.
2. This standard Letter of Offer enumerates the minimum disclosure requirements to be contained in the Letter of Offer of an open offer. The MB/ acquirer is free to add any other disclosure(s) which in his opinion is material for the shareholders, provided such disclosure(s) is not presented in an incomplete, inaccurate or misleading manner and is made in accordance with the SEBI (Substantial Acquisition of Shares and Takeovers) Regulations, 1997 and subsequent amendments thereof.
3. The standard Letter of Offer prescribes only the nature of the disclosures that should be contained under various heads in the Letter of Offer and is not intended to describe the language to be contained therein.
4. All the financial data shall be in terms of Rupees Lacs unless required otherwise (e.g. EPS). When financial data pertains to an overseas entity, the rupee equivalent shall be disclosed in terms of Rs. Lacs and the basis of conversion shall also be disclosed. (If so desired, such data may also be disclosed in terms of the monetary unit applicable for that overseas entity).
5. Unless otherwise specified
   - 5.1 Reference to shares (as defined in Regulations 2(1)(k)) shall mean reference to fully paid up shares.
   - 5.2 Information contained in Letter Of Offer shall be as on the date of the Public Announcement (PA).

5.3 The "Regulations" shall mean SEBI (Substantial Acquisition of Shares and Takeovers) Regulations, 1997 and subsequent amendments thereof.

5.4 The Merchant Banker to the Offer (MB) would mean the Merchant Banker appointed by the acquirer in terms of Regulation 13.

5.5 The Registrar to the Offer, if appointed, would mean an entity registered with SEBI under SEBI (Registrar to Issue and Share Transfer Agents) Rules and Regulations, 1993.

6. All the requisite disclosures/statements in respect of the acquirer(s), persons who are acting in concert with the acquirer for the purpose of the offer (PACs) and persons who are deemed to be acting in concert with the acquirers for the purpose of the offer (PACs) shall be made in the Letter Of Offer.

7. The Form of acceptance cum acknowledgement may be with a perforation.

8. The source from which data / information is obtained should be mentioned in the relevant pages of Letter of Offer.

9. MB shall ensure the following;

   9.1 The Specified Date shall not be later than 30th day from the PA date (inclusive of PA date)

   9.2 The Offer closing Date shall be the 30th day from the Offer Opening Date (inclusive of offer opening date).

   9.3 The Date by which the acceptance / rejection of the offer would be intimated and the corresponding payment for the acquired shares and / or the share certificate(s) for the rejected shares will be dispatched, shall be within a period of 30 days from the offer closing date.

10. MB shall submit the Due Diligence Certificate in terms of Regulations to SEBI along with the draft Letter of Offer as per the standardised format.

Format of the Standard Letter Of Offer:

The sequence of presentation in Letter of Offer shall be as under:
1. Cover page
2. Disclaimer clause
3. Details of the offer
4. Background of the Acquirer(s) (including PACs, if any).
5. Option in terms of 21(3)
6. Background of the Target Company
7. Offer price and financial arrangements
8. Terms & Conditions of the offer
9. Procedure for acceptance and settlement of the offer
10. Documents for inspection
11. Declaration by the Acquirer(s) (including PACs, if any).

1. COVER PAGE

Cover pages shall be white with no patterns or pictures printed on it except emblems/ logo, if any, of the acquirer company / MB / Registrar, if any.

A) Front outer cover page shall contain the following details:

i) On Top

"This Document is important and requires your immediate attention." This Letter of offer is sent to you as a shareholder(s) of (name of the target company). If you require any clarifications about the action to be taken, you may consult your stock broker or investment consultant or MB / Registrar to the offer (the latter only if appointed). In case you have recently sold your shares in the Company, please hand over this Letter Of Offer and the accompanying Form of Acceptance cum acknowledgement, Form of withdrawal and Transfer Deed to the Member of Stock Exchange through whom the said sale was effected."

ii) In middle in a box

1. Name and address of the Acquirer(s) (including names of PACs, if any with him) along with their telephone and fax numbers.
2. Name and address of the registered office of the Target Company along with its telephone and fax numbers.
3. Number and percentage of equity shares of Target Company proposed to be acquired by acquirer(s) through the open offer. Ensure that the percentage is calculated and disclosed w.r.t. total voting capital of the Target Company as at the expiration of 30 days after the closure of the offer in terms of Regulation 21(5).

4. Offer price per share in terms of rupees. Indicate separately the offer price for fully paid up equity shares as well as partly paid up equity shares, if any, of the Target Company. Disclose the mode of payment (i.e. cash, exchange of securities etc. in terms of Regulation 20(2). Where the offer price is by way of exchange of securities etc., the disclosures should be made accordingly.
5. A statement that the offer is pursuant to SEBI (Substantial Acquisition of Shares and Takeovers) Regulations, 1997 and subsequent amendments thereof.
7. If the offer is conditional, specify conditions viz minimum level of acceptance, differential pricing, if any.
7. If the offer is a competitive bid, mention that the competitive offer is made pursuant to an open offer made by the original bidder (name) and that the competitive bid has been made as per sub-regulation (1) and (3) of Regulation 25.
8. Mention the statutory approval(s), if any, required to implement the offer and its current status.
9. Disclose the following "Shareholders who have accepted the offer by tendering the requisite documents, in terms of the Public Announcement / Letter of Offer, can withdraw the same upto three working days prior to the date of the closure of the offer"
10. A statement that upward revision/ withdrawal, if any, of the offer would be informed by way of PA in the same newspapers where the original PA has appeared. Indicate the last date for such revision (Regulation 26). Also mention that the same price would be payable by the acquirer(s) for all the shares tendered anytime during the offer.
11. Disclose the following in bold

    A. "If there is competitive bid:

    1. **The public offers under all the subsisting bids shall close on the same date.**
    2. **As the offer price can not be revised during 7 working days prior to the closing date of the offers/ bids, it would, therefore, be in the interest of shareholders to wait till the commencement of that period to know the final offer price of each bid and tender their acceptance accordingly."**

    B. If there is no competitive bid:

    A statement confirming that there was no competitive bid.
12. A statement that a copy of public announcement and Letter of Offer (including form of acceptance cum acknowledgment) is also available on SEBI's website (www.sebi.gov.in)

iii) At the bottom

1. The name of MB and address of the dealing office of MB along with its telephone, fax number and email address, contact person.
2. The name and address of the Registrar to the offer, if any along with its telephone, fax number and email address, contact person.
3. While complying with Regulation 22(4) and 22(5) ensure that the date of opening and closing of the offer do not fall on a Sunday or a holiday. Disclose the schedule of the activities as per the following table. Further also disclose the day along with the dates in the activity schedule i.e. January 1, 2002 (Tuesday).

Activity	**Day and date**
Public Announcement (PA) Date	
Specified Date	
Last date for a competitive bid	
Date by which Letter of Offer will be despatched to the shareholders	
Offer opening Date	
Last date for revising the offer price/ number of shares	
Offer closing Date	
Date by which the acceptance / rejection would be intimated and the corresponding payment for the acquired shares and /or the share certificate for the rejected shares will be despatched.	

B) Front inside cover page shall contain the following

i) Risk factors relating to the transaction, the proposed offer and the probable risk involved in associating with the acquirer(s).

ii) On top

An index as follows:

iii) At the bottom

Definitions of the specialized terms used in the Letter of Offer for easy understanding by the shareholders viz Target Company, Acquirers, PACs, Regulations, etc. No other terms should be used in the Letter of Offer for entities defined as such in the Regulations (e.g. the word offeror(s) should be not used to refer the term acquirer(s)).

2. DISCLAIMER CLAUSE

The following on the first page of Letter of Offer:

"IT IS TO BE DISTINCTLY UNDERSTOOD THAT FILING OF DRAFT LETTER OF OFFER WITH SEBI SHOULD NOT IN ANY WAY BE DEEMED OR CONSTRUED THAT THE SAME HAS BEEN CLEARED, VETTED OR APPROVED BY SEBI. THE DRAFT LETTER OF OFFER HAS BEEN SUBMITTED TO SEBI FOR A LIMITED PURPOSE OF OVERSEEING WHETHER THE DISCLOSURES CONTAINED THEREIN ARE GENERALLY ADEQUATE AND ARE IN CONFORMITY WITH THE REGULATIONS. THIS REQUIREMENT IS TO FACILITATE THE SHAREHOLDERS OF (NAME OF THE TARGET CO.) TO TAKE AN INFORMED DECISION WITH REGARD TO THE OFFER. SEBI DOES NOT TAKE ANY RESPONSIBILITY EITHER FOR FINANCIAL SOUNDNESS OF THE ACQUIRER(S), PACs OR THE COMPANY WHOSE SHARES/ CONTROL IS PROPOSED TO BE ACQUIRED OR FOR THE CORRECTNESS OF THE STATEMENTS MADE OR OPINIONS EXPRESSED IN THE LETTER OF OFFER. IT SHOULD ALSO BE CLEARLY UNDERSTOOD THAT WHILE ACQUIRER(S) IS PRIMARILY RESPONSIBLE FOR THE CORRECTNESS, ADEQUACY AND DISCLOSURE OF ALL RELEVANT INFORMATION IN THIS LETTER OF OFFER, THE MERCHANT BANKER IS EXPECTED TO EXERCISE DUE DILIGENCE TO ENSURE THAT ACQUIRER(S) DULY DISCHARGES ITS RESPONSIBILITY ADEQUATELY. IN THIS BEHALF, AND

TOWARDS THIS PURPOSE, THE MERCHANT BANKER (INDICATE NAME) HAS SUBMITTED A DUE DILIGENCE CERTIFICATE DATED [...] TO SEBI IN ACCORDANCE WITH THE SEBI (SUBSTANTIAL ACQUISITION OF SHARES AND TAKEOVER) REGULATIONS 1997 AND SUBSEQUENT AMENDEMENT(S) THEREOF. THE FILING OF THE LETTER OF OFFER DOES NOT, HOWEVER, ABSOLVE THE ACQUIRER(S) FROM THE REQUIREMENT OF OBTAINING SUCH A STATUTORY CLEARANCES AS MAYBE REQUIRED FOR THE PURPOSE OF THE OFFER."

3. DETAILS OF THE OFFER

3.1 Background of the offer

3.1.1 Mention the Regulation (10, 11(1), 11(2), 12, 25(1) and 33) in accordance with which the offer is made i.e. mention whether the offer is made for substantial acquisition of shares or consolidation of holdings and/ or change in control or competitive bid or is towards bail out takeover.

3.1.2 Details of the proposed acquisition (substantial acquisition of shares/ voting rights or change in control or both) which triggered the open offer such as name(s) of acquirer(s) and of PACs, their existing shareholding in the Target Company, whether it was a negotiated deal or open market purchase(s) or whether offer is as a result of global acquisition resulting in indirect acquisition of the Target Company, acquisition price per share (highest and average), number and percentage of shares acquired, etc.

3.1.3 In case there is any agreement, mention important features of the agreement(s) including those pertaining to Regulation 22(16), acquisition price per share (highest and average as well as separately for fully paid and partly paid up), number and percentage of shares to be acquired under the agreement, name of the seller(s), complete addresses of sellers (including phone number/ fax number etc), names of parties to the agreement, date of agreement, manner of payment of consideration, proposed change in control, if any.

3.1.4 Whether the proposed change in control is through an arrangement. Give salient features of the arrangement.

3.1.5 Whether any of acquirer(s), sellers or the Target Company has been prohibited by SEBI from dealing in securities, in terms of direction issued u/s 11B of SEBI Act or under any of the regulations made under the SEBI Act.

3.1.6 Proposed change, if any, in Board of Directors after the offer, mentioning names of the Directors representing acquirers.

3.2 Details of the proposed offer

3.2.1 Mention names, dates and editions of the newspapers where the Public Announcement made in accordance with Regulation 15 appeared. Disclose the Public Announcement is also available on the Sebi website at www.sebi.gov.in.

3.2.2 Indicate the number and percentage of shares proposed to be acquired by the acquirers from the existing shareholders and the mode of payment of consideration, if it is in cash, then the offer price per share shall be mentioned, if by way of exchange of shares/ secured instruments, then, inter-alia, the exchange ratio to be disclosed in terms of Regulation 20(9).

3.2.3 In case, there are fully paid up and partly paid up shares, offer price for both shall be mentioned separately.

3.2.4 Differential price if any, in accordance with explanation (iii) to Regulation 20(11).

3.2.5 In case of competitive bids, the competitive bidder shall also disclose the following details:

3.2.5.a The fact that his offer is competitive offer made pursuant to the open offer made by the original bidder. The competitive bid is as per sub Regulation (1) and (3) of Regulation 25.

3.2.5.b Details of the original offer such as name of the original acquirer(s), name of the Merchant Banker, number and percentage of shares bid for, offer price, mode of payment, opening date.

3.2.5.c Any other relevant information.

3.2.6 In case of the conditional offer, specify the following:

3.2.6.a Minimum level of acceptance (number and percentage of shares).

3.2.6.b Differential price, if any, in accordance with Explanation (iv) to Regulation 20(11).

3.2.7 Disclose details of further acquisition(s), if any, by acquirer(s)/ PACs after the date of PA and upto the date of Letter of Offer viz., number and percentage of shares acquired, mode and acquisition price etc.

3.2.8 Details of the competitive bids, if any.

3.3 Object of the acquisition/ offer

3.3.1 Disclose in detail the reasons of acquiring shares or control over the Target Company and/ or consolidation of shareholding in the Target Company.

3.3.2 In case the acquirer and Target Company are in similar line of Business/ Operations, disclose as to how the position of the acquirer would change in terms of market positioning, capacity utilization etc.

4. BACKGROUND OF THE ACQUIRER (INCLUDING PACs, IF ANY)

(In case, the open offer is for the change in control of the Target Company or is an offer where the offer price is payable in terms of exchange of securities, details under this heading shall be given as per Annexure I. In all other cases, the following details shall be furnished.)

4.1 If acquirer(s) (including PACs) is a company

4.1.1 Name, address (registered and corporate office) and phone number of the company(ies).

4.1.2 The relationship, if any, existing between them.

4.1.3 Salient features of the agreement, if any, entered between them with regard to the offer/ acquisition of shares.

4.1.4 Brief history and major areas of operations.

4.1.5 Identity of the promoters and/ or persons having control over such companies and the group, if any, to which such companies belong to.

4.1.6 Confirm and disclose as to whether the applicable provisions of Chapter II of SEBI Takeover Regulations has been complied with by acquirer/ PACs within the time specified in the Regulations. Delay or non-compliance with these provisions, if any, may be disclosed in the Letter of Offer. Further, the extent of compliance by the acquirers/ PACs with the applicable provisions of Chapter II should be furnished under a separate annexure to SEBI along with the draft Letter of Offer as per the format at Annexure III of the standard Letter of Offer.

4.1.7 Names and residential addresses of Board of Directors of acquirer(s). Confirm whether any of such director(s) is already on the Board of Directors of Target Company. If so, disclosures in terms of Regulation 22(9).

4.1.8 Details of the experience, qualifications, date of appointment of the Board of Directors.

4.1.9 Brief audited financial details for a period of last three years. The subsequent certified financial data should also be disclosed so that the financials are not older than six months from the PA date.

(Amounts Rs. in Lacs)

Profit & Loss Statement	Year I	Year II	Year III
Income from operations			
Other income			
Total income			
Total expenditure.			
Profit before depreciation interest and tax			
Depreciation			
Interest			
Profit before tax			
Provision for tax			
Profit after tax			
Balance Sheet Statement	**Year I**	**Year II**	**Year III**
Sources of funds			
Paid up share capital			
Reserves and Surplus (excluding revaluation reserves)			
Networth			
Secured loans			
Unsecured loans			
Total			
Uses of funds			
Net fixed assets			
Investments			
Net current assets			
Total miscellaneous expenditure not written off			
Total			

Other Financial Data	Year I	Year II	Year III
Dividend (%)			
Earning per share			
Return on networth			
Book value per share			

4.1.10 Ensure that the un-audited financial results, if any disclosed, should be certified by statutory auditors.

4.1.11 Disclose the major contingent liabilities and the reasons for fall/ rise in total income and PAT in the relevant years, if applicable.

4.1.12 Disclose the details of the earlier acquisitions, if any made in the Target Company including acquisition made through open offers. Change in shareholding pursuant to the said acquisition/ offers and thereafter, if any. Further in this regard, disclose status of compliance with the applicable provisions of the SEBI (SAST) Regulations/ other applicable Regulations under the SEBI Act, 1992 and other statutory requirements, as applicable.

4.1.13 Significant accounting policies of the acquirer.

4.1.14 In case of acquirer being a listed company, disclose:

4.1.14.a The status of corporate governance and pending litigation matters, if any.

4.1.14.b The name and other details of the compliance officer.

4.1.14.c Give relevant details of any merger/ demerger, spin off during last 3 years involving the acquirer. Change in name since incorporation/ listing and dates thereof.

4.1.14.d Shareholding pattern of the company as on date of PA.

4.2 If Acquirer(s) (including PACs, if any) is an individual

4.2.1 Name(s), address(es) and phone number of each individual.

4.2.2 The relationship, if any, existing between them.

4.2.3 Salient features of the agreement, if any, entered between them with regard to the offer/ acquisition of shares.

4.2.4 Principal areas of business and relevant experience.

4.2.5 Net worth duly certified by a chartered accountant.

4.2.6 Confirm and disclose as to whether the applicable provisions of Chapter II of SEBI Takeover Regulations has been complied with by acquirer/ PACs within the time specified in the Regulations. Delay or non-compliance with these provisions if any, may be disclosed in the Letter of Offer. Further, the extent of compliance by the acquirers/ PACs with the applicable provisions of Chapter II should be furnished under a separate annexure to SEBI along with the draft Letter of Offer as per the format at Annexure III of the standard Letter of Offer.

4.2.7 Positions held on the Board of Directors of any listed company(ies).

4.2.8 Name(s) of the company where individual is a full time Director.

4.2.9 Disclose the details of the earlier acquisitions, if any made in the Target Company including acquisition made through open offers. Change in shareholding pursuant to the said acquisition/ offers and thereafter, if any. Further in this regard, disclose status of compliance with the applicable provisions of the SEBI (SAST) Regulations/ other applicable Regulations under the SEBI Act, 1992 and other statutory requirements, as applicable.

4.3 Disclosure in terms of Regulation 16(ix)

4.4 Future plans/ strategies of the acquirer with regard to the Target Company.

5. Option in terms of Regulation 21(3), if applicable

5.1 If the public offer results in public shareholding being reduced to 10% or less of the voting capital of the company or if the public offer is in respect of a company which has public shareholding of less than 10% of the voting capital, disclose the option which the acquirer would exercise in terms of Regulation 21(3). In case, acquirer intends to exercise the delisting option provided in the Regulations, give all relevant disclosure as required under the guidelines specified by the Board in respect of delisting of securities.

6. BACKGROUND OF THE TARGET COMPANY

6.1 Address of corporate and registered office with phone number.

6.2 Brief history and main areas of operations.

6.3 Disclose the locations and other details of the manufacturing facilities of the Target Company.

6.4 Share capital structure of the Target Company.

Paid up equity shares of Target Company	Number of shares/ voting rights	Percentage of shares/ voting rights
Fully paid up equity shares		
Partly paid up equity shares		
Total paid up equity shares		
Total voting rights in Target Company		

6.5 Disclose (as per the table given below) as to how the current capital structure of the company has been build up since inception. In this regard, disclose status of compliance with the applicable provisions of the SEBI (SAST) Regulations/ other applicable Regulations under the SEBI Act, 1992 and other statutory requirements, as applicable.

Date of allotment	Number and percentage of shares issued	Cumulative paid up capital	Mode of allotment	Identity of allottees (promoters/ ex-promoters/ others)	Status of compliance

6.6 Disclose the reasons of suspension of trading of the shares in any stock exchange(s), as applicable. What steps have been taken by the Target Company to resume/ regularize the trading.

6.7 Disclose the detailed reasons of non-listing of some and/ or all shares of the company at any stock exchange(s), as applicable. What steps has been taken by the company to regularize the listing.

6.8 Indicate whether there are any outstanding convertible instruments (warrants/ FCDs/ PCDs etc.) and whether the same have been taken into account for calculating voting rights of Target Company and reasons therefore. In case there are partly paid up shares, disclose about status of their voting rights.

6.9 Confirm and disclose as to whether the applicable provisions of Chapter II of SEBI Takeover Regulations has been complied with by Target Company as well as sellers, promoters and other major shareholders within the time specified in the Regulations. Delay or non-compliance with these provisions if any, may be disclosed. The extent of compliance by Target Company as well as sellers, promoters and other major shareholders with the applicable provisions of Chapter II should be furnished under a separate annexure to SEBI along with the draft Letter of Offer as per the format at Annexure III and IV of the standard Letter of Offer. In case of delay or non-compliance disclose the complete address along with phone/ fax numbers and individual holding a separate annexure while filing the draft Letter of Offer.

6.10 Indicate compliance status with the listing requirements and the penal actions, if any, taken by the stock exchanges. In the absence of any punitive action, make a specific statement to such effect.

6.11 Present composition of the Board of Directors (BOD) as on the date of Public Announcement. Indicate the names of Director(s), if any, representing the acquirer on the BOD of the Target Company and their dates of appointment.

6.12 Disclose details of the experience, qualifications, date of appointment of the Board of Directors.

6.13 Relevant details of any merger/ de-merger, spin off during last 3 years involving the target company. Change of name since incorporation/ listing and dates thereof.

6.14 Brief audited financial details for a period of last three years. The subsequent certified financial data should also be disclosed so that the financials are not older than six months from the PA date.

(Amount Rs. in Lacs)

Profit & Loss Statement	**Year I**	**Year II**	**Year III**
Income from operations			
Other income			
Total income			
Total expenditure.			
Profit before depreciation interest and tax			
Depreciation			
Interest			
Profit before tax			
Provision for tax			
Profit after tax			

Balance Sheet Statement	**Year I**	**Year II**	**Year III**
Sources of funds			
Paid up share capital			
Reserves and surplus (excluding revaluation reserves)			
Networth			
Secured loans			
Unsecured loans			
Total			
Uses of funds			
Net fixed assets			
Investments			
Net current assets			
Total miscellaneous expenditure not written off			
Total			

Other Financial Data	**Year I**	**Year II**	**Year III**
Dividend (%)			
Earning per share			
Return on networth			
Book value per share			

6.15 Ensure that the un-audited financial results, if any disclosed, should be certified by statutory auditors.

6.16 Disclose the reasons for fall/ rise in total income and PAT in the relevant years, if applicable.

6.17 Pre- and post-offer shareholding pattern of the Target Company as per the following table.

As on the date of Letter of Offer

Shareholders' category	**Shareholding and voting rights prior to the agreement/ acquisition and offer**		**Shares/ voting rights agreed to be acquired which triggered off the Regulations**		**Shares/ voting rights to be acquired in open offer (assuming full acceptances)**		**Shareholding / voting rights after the acquisition and offer i.e.**	
	(A)		**(B)**		**(C)**		**(A)+(B)+(C) =(D)**	
	Number	%	Number	%	Number	%	Number	%
(1) Promoter gp.								
a. Parties to agreement, if any b. Promoters other than (a) above								
Total 1(a+b)								
(2) Acquirers a. Main Acquirer** b. PACs**								
Total 2(a+b)								
(3) Parties to agreement other than (1) (a) and (2)								
(4) Public (other than parties to agreement, acquirers and PACs)								
a. FIs/ MFs/ FIIs/ Banks, SFIs (indicate names)								
b. Others (Indicate the total number of shareholders in "Public" category)								
Total (4)(a+b)								
GRAND TOTAL (1+2+3+4)								

** If more than one acquirer/ PACs, details shall be given for each separately.

Also include shares of Target Company, purchased by acquirers and PACs, if any, after the Public Announcement till the date of Letter of Offer.

6.18 Disclose the details of the change in shareholding of the promoters as and when it happened in the Target Company. In this regard, disclose status of compliance with the applicable provisions of the SEBI (SAST) Regulations/ other applicable Regulations under the SEBI Act, 1992 and other statutory requirements, as applicable.

6.19 Disclose the status of corporate governance and pending litigation matters, if any.

6.20 Disclose the name and other details of the compliance officer.

7. OFFER PRICE AND FINANCIAL ARRANGEMENTS

7.1 Justification of offer price

7.1.1 Names of all the stock exchanges (SEs) where shares of the Target Company are listed and also where it is traded under permitted category.

7.1.2 The annualized trading turnover during the preceding 6 calendar months prior to the month in which the PA is made in terms of number and percentage of total listed shares, in each stock exchange stated at (i) above, shall be given as under. (Accordingly, disclose as to on which of the stock exchanges the shares are not infrequently/ infrequently traded in terms of Explanation (i) to Regulation 20(5).)

Name of stock exchange(s)	**Total number of shares traded during the 6 calendar months prior to the month in which PA was made**	**Total number of listed shares**	**Annualized trading turnover(in terms of percentage to total listed shares)**
SE1			
SE2			
SE3			

Note : Trading volume data should be taken from the respective SEs official quotations.

7.1.3 In respect of SEs where shares are not infrequently traded in terms of the Regulations, ensure and disclose that minimum offer price is highest of all the following prices:

7.1.3.a. The negotiated price under the agreement referred to in clause (a) of sub- regulation (4) of regulation 20;

7.1.3.b. Highest price paid by the acquirer or persons acting in concert with him for acquisition, if any, including by way of allotment in a public or rights or preferential issue during the twenty six week period prior to the date of Public Announcement, referred to in clause (b) of sub- regulation (4) of Regulation 20;

7.1.3.c. the average of the weekly high and low of the closing prices of the shares of the Target Company as quoted on the stock exchange where the shares of the company are most frequently traded during the twenty six weeks or the average of the daily high and low prices of the shares as quoted on the stock exchange where the shares of the company are most frequently traded during the two weeks preceding the date of Public Announcement, whichever is higher referred to in clause (c) of sub- regulation (4) of Regulation 20.

7.1.4 Please note that for calculating average price as per Regulation 20(4)(c), the denominator should contain the number of weeks for which quotes are considered. The price and volume data should be disclosed in the following format:

26 weeks weekly high/ low

Week no.	Week ending	High (Rs.)	Low (Rs.)	Average (Rs.)	Volume

2 weeks daily high/ low

Day No	Dates	High (Rs.)	Low (Rs.)	Average (Rs.)	Volume

7.1.5 If the shares are infrequently traded on a particular Stock exchange, give required disclosures in accordance with each clause of Regulation 20(5). Ensure that calculations of parameters set out in Regulation 20(5)(c) are based on the latest audited data of the Target Company. If subsequent financial data is available for a period of 6 months or more, calculation in terms of Regulation 20(5)(c) based on such data shall also be disclosed.

7.1.6 In case of partly paid shares, the offer price shall be calculated as the difference between the offer price and the amount due towards calls-in-arrears or calls remaining unpaid together with interest, if any, payable on the amount called up but remaining unpaid.

7.1.7 The offer price for indirect acquisition or control shall be determined with reference to the date of the Public Announcement for the parent company and the date of the Public Announcement for acquisition of shares of the Target Company, whichever is higher, in accordance with sub-regulation (4) or sub-regulation (5) of Regulation 20.

7.1.8 **Non Compete fee**

7.1.9.a. In case of non-compete agreement for payment to any person other than the Target Company, disclose the names of the parties to the agreement, reasons for the agreement and the amount paid.

7.1.9.b. In case the payment is more than 25% of the offer price arrived in terms of Regulation 20(4), 20(5) or 20(6), disclose how the same has been factored into the offer price.

7.1.9.c. In the absence of any non-compete agreement, give a specific negative statement in this regard.

7.1.9 In terms of Regulation 20(11) give a specific statement that the offer price is justified.

7.1.10 Also ensure and disclose that the offer price shall not be less than the highest price paid by the acquirers (including PACs) for any acquisition of shares of Target Company from the date of PA upto 7 working days prior to the closure of the offer.

7.2 **Financial arrangements:**

7.2.1 Disclose the total amount of funds required to make the payment of consideration for the shares tendered during the open offer (assuming full acceptances) and at the highest price, if the offer is subject to differential pricing.

7.2.2 Disclosures about the amount deposited in escrow account in terms of Regulation 28(2).

7.2.3 In case, the escrow account consists of cash deposit, disclose the name and address of the bank, where cash amount as required under Regulation 28(1) has been deposited. Also ensure and disclose that the MB has been empowered to operate the escrow account in accordance with the Regulations.

7.2.4 In case the escrow account consists of a bank guarantee, disclose the name and address of the bank. Also disclose that bank guarantee is valid at least for a period commencing from the date of PA until 30 days after the closure of the offer. Also ensure that bank guarantee is sought from a bank who is not associate of or group of the acquirer or Target Company. Disclose that the bank guarantee is in favour of Merchant Banker.

7.2.5 In case, the escrow account consists of a deposit of securities in terms of Regulation 28(4)(c), give the following details:

7.2.5.a. Disclose the name, quantity, face value, paid up value, market price on the date of creation of escrow account, the margin etc.

7.2.5.b. Disclose whether they are free of lien/encumbrances.

7.2.5.c. Disclose whether they are carrying voting rights and if so, details about the suspension or freeze of voting rights, if any.

7.2.5.d. Disclose who is holding the securities and whether NOC has been obtained from the holder for depositing the same in the escrow account.

7.2.5.e. Disclose that Merchant Banker has been empowered by acquirer to realise the value of such escrow account by sale or otherwise.

7.2.5.f. Disclose that if there is any deficit on realisation of value of the securities, the Merchant Banker shall make good any such deficit in accordance with Regulation 28(7).

7.2.6 In case the escrow account consists of a bank guarantee or deposit of approved securities, disclose the name and address of bank where cash deposit of at least 1% of the total consideration payable, is made in accordance with Regulation 28(10).

7.2.7 Ensure and disclose that the acquirer has adequate and firm financial resources to fulfill the obligations under the open offer. Disclosures regarding sources of funds should be made in terms of Regulation 16(xiv).

7.2.8 Disclose the date of certificate, name, complete address (including telephone, fax number) and membership number of the chartered accountant certifying the adequacy of financial resources of acquirer for fulfilling all the obligations under the offer.

7.2.9 Ensure and disclose that MB has satisfied himself about the ability of the acquirer to implement the offer in accordance with the Regulations.

7.2.10 In case the acquirer is a foreign body, disclose the details of the escrow account opened abroad, pending RBI permission for opening the same in India. Ensure and disclose that on receipt of RBI permission, the escrow account would be transferred in India. If amount kept therein is in foreign currency, disclose the equivalent amount in INR with rate of conversion as on the date of letter of offer. Also ensure and disclose that the minimum amount as stipulated in the Regulations would be maintained at all times irrespective of the fluctuations in the conversion rate.

8. TERMS AND CONDITIONS OF THE OFFER

8.1 All the operational terms and conditions subject to which acquirer(s) would accept the offer should be disclosed. The conditions mentioned in the Letter of Offer should not be in violation of the provisions contained in the Regulations.

8.2 **Locked in shares:** Regarding acceptance of locked-in shares, whether acquired pursuant to the agreement or the offer, the same can be transferred to the acquirer subject to the continuation of the residual lock-in period in the hands of the acquirer. MB shall ensure that there shall be no discrimination in the acceptance of locked-in and non locked-in shares

8.3 **Eligibility for accepting the offer:** Disclose that the offer is made to all the remaining shareholders (except the acquirers, the persons acting in concert with acquirers and parties to agreements, if applicable) whose names appeared in the register of shareholders on (mention the specified date) and also to those persons (except the acquirers, the persons acting in concert with acquirers and parties to agreements, if applicable) who own the shares any time prior to the closure of the offer, but are not the registered shareholder(s).

8.4 **Statutory approvals:** Mention the nature of statutory approvals required for the offer. Disclose the current status of such approval. A statement that no approval other than those mentioned is required for the purpose of this offer shall be incorporated.

9. PROCEDURE FOR ACCEPTANCE AND SETTLEMENT

9.1 Procedure for accepting the offer by eligible persons shall be mentioned indicating

9.1.1 Name and Address of the entities (merchant banker/ registrar) to whom the shares should be sent including name of the contact person, telephone number, fax number and email address etc.	Working days and timings	Mode of delivery

9.1.2 Mention all the relevant documents viz. form of acceptance cum acknowledgement, Original share certificate, valid transfer deed required to be tendered.

9.1.3 Disclose that shares and other relevant documents should not be sent to the acquirer/ PACs/ Target Company.

9.2 **Procedure for acceptance of the offer by unregistered shareholders, owners of shares who have sent them for transfer or those who did not receive the Letter of Offer**

9.2.1 Procedure for said persons shall be specified. The option of applying on plain paper giving all relevant details and forwarding relevant documents along with it, shall necessarily be given to such shareholders. Alternatively, such shareholders, if they so desire, may apply on the form of acceptance cum acknowledgement obtained from the website (www.sebi.gov.in). It shall be noted that no indemnity is needed from the unregistered shareholders.

9.3 In terms of Regulation 21(6), disclose the relevant provisions pertaining to acceptance of shares when shares offered under the offer by the shareholders are more than the shares agreed to be acquired by the acquirer(s).

9.4 Disclosure in line with sub-regulation (12) of Regulation 22 about extension of time for payment of consideration and payment of interest should be made.

9.5 Ensure and disclose that the unaccepted shares/ documents shall be returned by registered post to the shareholders.

9.6 Ensure and disclose that the share certificates would be held in trust by the manager to the offer / registrar to the offer, as the case may be, till the acquirer completes the offer obligations in terms of Regulations.

9.7 In case, the shares of Target Company are dematerialized, MB should ensure to specify all the requisite procedural requirements in the Letter of Offer.

9.8 Specify categorically that the shareholders who are desirous of withdrawing their acceptances tendered in the offer can do so up to three working days prior to the date of closure of the offer, in terms of Regulation 22(5A).

9.9 Further specify that the withdrawal option can be exercised by submitting the document as per the instruction below, so as to reach the Manager to the offer on or before three working days prior to the date of closure of the offer. The withdrawal option can be exercised by submitting the form of withdrawal. The MB may devise a suitable form of withdrawal.

9.10 In case of non-receipt of the form of withdrawal, the withdrawal option can be exercised by making an application on plain paper along with the following details:

a. In case of physical shares: Name, address, distinctive numbers, folio numbers, number of shares tendered/ withdrawn.
b. In case of dematerialized shares: Name, address, number of shares tendered/ withdrawn, DP name, DP ID, beneficiary account number and a photocopy of delivery instruction in "off market" mode or counterfoil of the delivery instruction in "off market" mode, duly acknowledged by the DP in favour of the depository escrow account.

9.11 Disclose the marketable lot of the shares of the Target Company.

10. DOCUMENTS FOR INSPECTION

10.1 For inspection of material documents by public disclose the addresses of the places and timings. Such documents shall include:

- 10.1.1 Certificate of incorporation, memorandum and articles of association of the Acquirer, in case Acquirer is a company;
- 10.1.2 A chartered accountant's certificate certifying the net worth of Acquirer(s) in case Acquirer is a individual.
- 10.1.3 A chartered accountant's certificate certifying the adequacy of financial resources with acquirers to fulfill the open offer obligations.
- 10.1.4 Audited annual reports of the Acquirer and Target Company for the last three years.
- 10.1.5 A letter from the bank confirming the amount kept in the escrow account and a lien in favour of MB.
- 10.1.6 A copy of the agreement, if any, which triggered the open offer.
- 10.1.7 A published copy of Public Announcement.
- 10.1.8 A copy of the letter from SEBI in terms of proviso to Regulation 18(2).
- 10.1.9 When escrow account consists of approved securities, details of securities such as name, quantity, face value, paid up value, market price on the date of creation of escrow etc.
- 10.1.10 A copy of the agreement into with depository participant for opening a special depository account for the purpose of the offer.
- 10.1.11 A copy of the non-compete agreement, if any.
- 10.1.12 Any other relevant document(s).

11. DECLARATION BY THE ACQUIRERS (INCLUDING PACs, IF ANY)

11.1 Statements in terms of Regulation 22(6) regarding the Acquirers responsibility for the information contained in the Letter of Offer.

11.2 A statement to the effect that each of the acquirers (including PACs, if any) would be severally and jointly responsible for ensuring compliance with the Regulations shall be incorporated in the Letter of Offer.

11.3 Letter of Offer shall be signed by the acquirer(s)/ owner of attorney holders on their behalf giving date and place. MB to ensure and disclose that person(s) signing the Letter of Offer is duly and legally authorised by Acquirers (including PACs, if any).

Encl.:

ANNEXURE I

(Applicable in case open offer is for the change in control of the Target Company or is an offer where the offer price is payable in terms of exchange of securities.)

1.1 If acquirer(s) (including PACs, if any) is a company

1. Name and address of the company(ies).
2. Relationship, if any, existing between them.
3. Salient features of the agreement, if any, entered between them with regard to the offer/ acquisition of shares.
4. Brief history & major areas of operations.
5. Identity of the promoters and/ or persons having control over such companies and the group, if any, to which such companies belong to.
6. Confirm and disclose as to whether the applicable provisions of Chapter II of SEBI Takeover Regulations has been complied with by acquirer/ PACs within the time specified in the Regulations. Delay or non-compliance with these provisions if any, may be disclosed in the Letter of Offer. Further the extent of compliance by the acquirers/ PACs with the applicable provisions of Chapter II should be furnished under a separate annexure to SEBI along with the draft Letter of Offer as per the format at Annexure III of the standard Letter of Offer.
7. Shareholding pattern as under.

Sl. No.	Shareholder's category	Number and Percentage of shares held
1.	Promoters	
2.	FII/ Mutual Funds/ FIs/ Banks	
3.	Public	
	Total paid up capital	

8. Names and residential addresses of Board of Directors of acquirer(s). Confirm whether any of such director(s) is already on the Board of Directors of Target Company. If so, disclosures in terms of Regulation 22(9).
9. Name of the stock exchanges where the shares of acquirer are listed/ traded in the permitted category, if acquirer is a listed company.
10. Total paid up capital, face value of shares and market price of shares.

11. Brief audited financial details indicated at 4.1.12 below shall also be disa.closed after making the following adjustments in the audited financial statements wherever quantification is possible.
    a. Adjustments/ rectification for all incorrect accounting policies or failures to make provisions or other adjustments which resulted in audit qualifications;
    b. Material amounts relating to adjustments for last three years shall be identified and adjusted in arriving at the profits of the years to which they relate;
    c. Where there has been a change in accounting policy during the last three years, the profits or losses of those years shall be re-computed to reflect what the profits or losses of those years would have been if a uniform accounting policy was followed in each of these years. However, if an incorrect accounting policy is being followed, the re-computation of the financial statements would be in accordance with correct accounting policies;
    d. Statement of profit or loss shall disclose both the profit or loss arrived at before considering extraordinary items and after considering the profit or loss from extraordinary items;
    e. The statement of assets and liabilities shall be prepared after deducting the balance outstanding on revaluation reserve account from both fixed assets and reserves and the net worth arrived at after such deductions
12. Brief audited financial details shall be given for a period of last three years. The subsequent certified financial data should also be disclosed so that the financials are not older than six months from the PA date.

(Amount Rs. in Lacs)

Profit & Loss Statement	Year I	Year II	Year III
Income from operations			
Other income			
Total income			
Total expenditure.			
Profit before depreciation, interest and tax			
Depreciation			
Interest			
Profit before tax			
Provision for tax			
Profit after tax			
Balance Sheet Statement	**Year I**	**Year II**	**Year III**
Sources of funds			
Paid up share capital			
Reserves and surplus (excluding revaluation reserves)			
Networth			
Secured loans			
Unsecured loans			
Total			
Uses of funds			
Net fixed assets			
Investments			
Net current assets			
Total miscellaneous expenditure not written off			
Total			

Other Financial Data	Year I	Year II	Year III
Dividend (%)			
Earning per share			
Return on networth			
Book value per share			

13. The following information in respect of all the companies promoted by the acquirer (PACs, if any) for the last three years based on the audited statements
    a. Name of company;
    b. Date of incorporation;
    c. Nature of business;
    d. Equity capital, reserves (excluding revaluation reserves);
    e. Total income;
    f. Profit after tax (PAT);
    g. Earnings per share (EPS);
    h. net asset value (NAV);
    i. Mention if any of the companies stated above is a sick industrial company.

1.2 If Acquirer(s) (including PACs, if any) is an individual, the following details shall be given:
1. Name and residential addresses of each individual(s);
2. Relationship, if any existing between them;
3. Salient features of the agreement, if any entered between them with regard to the offer/ acquisition of shares;
4. Principal areas of business and relevant experience;
5. Net worth duly certified by a chartered accountant;
6. Confirm and disclose as to whether the applicable provisions of chapter II of SEBI Takeover Regulations has been complied with by acquirer/ PACs within the time specified in the Regulations. Delay or non-compliance with these provisions if any, may be disclosed in the Letter of Offer. Further the extent of compliance by the acquirers/ PACs with the applicable provisions of Chapter II should be furnished under a separate annexure to SEBI along with the draft Letter of Offer as per the format at Annexure III of the standard Letter of Offer;
7. Positions held on the Board of Directors of any listed company(ies);
8. Name of the company(ies) where individual is a full time director, brief financial of those listed company(ies) where the individual along with persons acting in concert with him, has a controlling stake;
9. The information stated at 4.1.13 above, in respect of all companies promoted by acquirer(s) (PACs, if any).

1.3 Disclosure in terms of Regulation 16(ix)

2. **Option in terms of Regulation 21(3), if applicable**

   2.1 If the public offer results in public shareholding being reduced to 10% or less of the voting capital of the company or if the public offer is in respect of a company which has public shareholding of less than 10% of the voting capital, disclose the option which the acquirer would exercise in terms of Regulation 21(3). In case, acquirer intends to exercise the delisting option provided in the Regulations, give all relevant disclosure as required under the guidelines specified by the Board in respect of delisting of securities.

3. **Additional disclosures in case where consideration is to be paid by the acquirer(s) in terms of exchange of instruments in terms of Regulation 20(2).**

   3.1 Nature of instruments of acquirer company which are offered such as NCDs, FCDs, PCDs, shares etc.

   3.2 In case, the instruments are convertible into equity shares or have rights to subscribe for equity shares, give details such as exercise period, price and date of conversion, pre and post equity capital assuming full conversion etc.

   3.3 In case consideration is paid by way of secured instruments, all the features of such instruments such as face value, interest rate, redemption period, redemption amount, details of security created, name of the debenture trustee, etc.

   3.4 If the issue/ allotment of instruments requires any approval from shareholders, whether the same has already been obtained/ to be obtained, if yes disclose all the relevant details of the approval which shall include the amount of instruments issued/ proposed to be issued, price of instruments, date when resolution passed/ proposed to be passed, validity of the resolution etc. If the approval is yet to be obtained status thereof. In case, the resolution in this regard is not approved by the shareholders, disclose as to how the acquirer proposes to fulfill the offer obligations.

   3.5 Ensure and disclose the value of such instruments determined in terms of regulation 20(5).

ANNEXURE II

[All disclosures in terms of guidelines for "Delisting of securities" issued by SEBI]

ANNEXURE III

STATUS OF COMPLIANCE WITH THE PROVISIONS OF CHAPTER II OF THE TAKEOVER REGUALTIONS (as applicable)

By the promoters/ sellers/ major shareholders/ acquirers, separately (as may be applicable)

Sl. No.	Regulation/ sub-regulation	Due date for compliance as mentioned in the Regulation	Actual date of compliance	Delay, if any (in number of days) Col. 4- Col. 3	Remarks
1	**2**	**3**	**4**	**5**	**6**
1	6(1)	20.04.1997			
2	6(3)	20.04.1997			
3	8(1)	21.04.1998			
4	8(2)	21.04.1998			
5	8(1)	21.04.1999			
6	8(2)	21.04.1999			
7	8(1)	21.04.2000			
8	8(2)	21.04.2000			
9	8(1)	21.04.2001			
10	8(2)	21.04.2001			
11	8(1)	21.04.2002			
12	8(2)	21.04.2002			
13	8(1)	21.04.2003			
14	8(2)	21.04.2003			
15	7(1) & (2)				
16	7(1A)&(2)				

The data must be furnished separately for each of the 3 category of shareholders referred to above.

ANNEXURE IV

By the Target Company

Sl. No.	Regulation/ sub-regulation	Due date for compliance as mentioned in the Regulation	Actual date of compliance	Delay, if any (in number of days) Col. 4- Col. 3	Remarks
1	2	3	4	5	6
1	6(2)	20.05.1997			
2	6(4)	20.05.1997			
3	8(3)	30.04.1998			
4	8(3)	30.04.1999			
5	8(3)	30.04.2000			
6	8(3)	30.04.2001			
7	8(3)	30.04.2002			
8	8(3)	30.04.2003			
9	7(3)				

Anlage 3: Standardformat Due Diligence Certificate

To:
Securities And Exchange Board Of India
[Bandra Kurla]

Dear Sirs,

Sub.: OPEN OFFER TO ACQUIRE UP TO (NUMBER AND PERCENTAGE OF SHARES) OF [...] (TARGET COMPANY (TC)) BY [...] (ACQUIRER ALONGWITH PERSONS ACTING IN CONCERT WITH HIM) AT A PRICE OF RS. [...] PER FULLY PAID UP SHARES AND AT A PRICE OF RS. [...] PER PARTLY PAID UP SHARES (IF APPLICABLE)

1. The (Acquirer) vide its letter dated [...] has appointed us, as the Merchant Banker to the captioned offer, in terms of Regulation 13 of the SEBI (Substantial Acquisition of Shares and Takeovers) Regulations, 1997 and subsequent amendments thereof.
2. The Public announcement (PA) for the captioned offer in terms of Regulation 15 of the SEBI (Substantial Acquisition of Shares and Takeovers) Regulations, 1997 (referred as "Takeover Regulations" hereinafter) was made by us, on behalf of acquirers, on [...].
3. In this regard, we, the Merchant Banker, have examined various relevant documents and confirm that:
   (i) The acquirer is able to implement the offer.
   (ii) The escrow account in terms of Regulation 28 was created on or before PA.
   (iii) Acquirer has authorised us to realize the value of escrow account in terms of Takeover Regulations.
   (iv) Firm financial arrangements are in place to fulfill the obligation under the offer.
   (v) Contents of PA as well as Letter of Offer (LOO) are true, fair and adequate and are based on "reliable" sources.
4. We also confirm that –
   (i) We are a Merchant Banker holding a certificate of registration granted by SEBI and till date our registration is valid.
   (ii) We are not associate of or group of the acquirer or the Target Company.
   (iii) The PA and the draft LOO forwarded to SEBI is in conformity with Takeovers Regulations and the disclosures made in PA and also in draft LOO/final LOO are true, fair and adequate to enable the investors to make a well informed decision.

(iv) All the intermediaries named in the PA/ LOO are registered with SEBI and till date such registration is valid.

5. As a Merchant Banker, it shall be our duty to ensure compliance with the Take-over Regulations and any other laws or rules as may be applicable, in this regard.
6. Annexed herewith, also find the information furnished in accordance with SEBI circular RMB (GI Series) No. 2 (97-98).

Manager to the offer

Date
Place

with his/ their seal

Anlage 4: Standardformat 45-Days-Report

45 DAYS REPORT IN RESPECT OF OPEN OFFER MADE BY (ACQUIRER) FOR ACQUIRING SHARES OF (TARGET COMPANY)

(Offer formalities completed (Yes/NO)

(To be submitted in duplicate within 45 days from the closure of the open offer)

1	**Name of the Target Company**	
2	Name of Acquirer(s)	
3	Name of Manager to the offer	
4	Name of the Registrar to the offer, if any	

5	**Offer Details**		
5.1	**Activity schedule**	**Proposed**	**Actual**
5.1.1	Date of the Public Announcement		
5.1.2	Date by which Letter of Offer (LOO) is to be dispatched in terms of Regulations		
5.1.3	Date of opening of the offer		
5.1.4	Date of closure of the offer		
5.1.5	Last date of completion of the dispatch of consideration to respondents		
	– In case of delay beyond the proposed dates, give reasons for the same		
5.2	**Offer price details**	**Proposed**	**Actual**
5.2.1	Offer price for fully paid shares		
5.2.2	Offer price for partly paid shares		
5.2.3	Offer size (number of shares multiplied by price per share)		
5.2.4	Mode of payment of consideration: cash/ securities		

6	**Details of basis of acceptance**	
6.1	Number of shares proposed to be acquired in the open offer. In case of any revisions indicate the same	
6.2	Number of applications received	
6.3	Number of applications accepted	
6.4	Number of applications rejected(in case of rejection mention the reasons thereof)	
6.5	Number of fully paid shares received	
6.6	Number of fully paid shares accepted	
6.7	Number of fully paid shares rejected (in case of rejection mention the reasons thereof)	
6.8	Number of partly paid shares received	
6.9	Number of partly paid shares accepted	
6.10	Number of partly paid shares rejected (in case of rejection mention the reasons thereof)	

7	**Details of payment of consideration/ special account**	
7.1	Confirm whether consideration has been paid to all the shareholders whose shares have been accepted. If no, give reasons	
7.2	Name of the bank where the special account has been opened for the purpose of payment of consideration and a certificate from it that the entire amount of consideration has been deposited therein as on [...]	

8	**Escrow account details**	
8.1	In case, escrow account consists of cash deposit, indicate when, how and for what purpose the amount deposited in escrow account was released (Refer Regulation 28(12))	
8.2	In case, escrow account consists of bank guarantee (BG) / deposit of securities, whether BG / securities have been returned to acquirer(s) – If yes, when and why. – If no, why	

9	**Post offer details (Actual Versus proposed)**	**Proposed**		**Actuals**		
		Number	%	Number		%
9.1	Share holding of acquirer (number and %) before MOU/ PA					
9.2	Shares acquired by way of MOU or market purchases (number and %)					
9.3	Shares acquired in the open offer (number and %)					
9.4	Size of the open offer (number of shares multiplied by offer price per share)					
9.5	Shares acquired after PA but before 7 working days prior to closure date, if any (number and %)	NA		**Number**		**%**
9.6	Post offer share holding of acquirer (number and %) (9.1+9.2+9.3+9.4+9.5)	**Number**	**%**	**Number**		**%**
9.7	Pre and post offer shareholding of public (number and %)	**Pre offer**	**Post offer**	**Pre offer**	**Post offer**	

10.	**Give details regarding acquisition mentioned at 9.5 above, if any**	
	i) Name of the entity who acquired the shares	
	ii) Whether disclosure about the entity stated at (i) was given in the Letter of Offer as either Acquirer or persons acting in concert with acquirer (Yes/No)	
	iii) Number of shares acquired per person mentioned at (i)	
	iv) Purchase price per share	
	v) Mode of acquisition	
	vi) Date of acquisition	
	vii) Date of disclosure to the stock exchanges u/r 22(17)	

11.1	Indicate whether the public shareholding has fallen to 10% or less (Yes/ No)	
11.2	If yes, indicate the steps taken in accordance with the disclosures given in the offer document.	

12	Indicate Market price (opening and closing prices) of shares of Target Company, if traded on the following dates (indicate name of stock exchange(s) also)						
	Reference date	SE1			SE2		
		Opening Price	Closing Price	Avg. Price	Opening Price	Closing Price	Avg. Price
	AS on PA						
	Offer opening date						
	Offer closing date						
	Average price during the offer period**						
	** The average market price of the weekly high and low of the closing prices of the shares during the period from the date of PA till closure of the offer						

13	**Any other relevant information**

Signature of the Manager to the offer:

Date:

Place:

Note : Submission of 45 days report is the responsibility of manager to the offer in terms of Regulation 24 (7).

Anlage 5: Standardformat Post Offer Public Announcement

1. Name of the Target Company
2. Name of acquirer(s) including PACs
3. Name of manager to the offer
4. Name of the registrar to the offer, if any
5. Offer details
   a) Date of opening of the offer
   b) Date of closure of the offer
6. Details of the acquisition

S. No.	Item	Proposed in the offer document		Actuals	
1	Offer price				
2	Share holding of acquirer (number and %) before MOU/ PA				
3	Shares acquired by way of MOU or market purchases (number and %)				
4	Shares acquired in the open offer (number and %)				
5	Size of the open offer (number of shares multiplied by offer price per share)				
6	Shares acquired after PA but before 7 working days prior to closure date, if any (number and %) 6.1 Price of the shares acquired 6.2 Number of shares acquired 6.3 % of shares acquired	N.A.			
7	Post offer shareholding of acquirer (number and %) (2+3+4+6)				
8	Pre and post offer shareholding of public (number and %)	Pre offer	Post offer	Pre offer	Post offer

7. Status of the escrow account, whether released or not
8. Payment of interest, if any, to the shareholders along with the details thereof
9. Status of investor complaints received, if any

NOTE

I. Incorporate a statement that the Public Announcement is issued on behalf of acquirer(s) by the manager to the offer.

II. Give name and address of acquirer and incorporate a responsibility statement by acquirer(s) i.e. "Acquirer and PAC with him (Directors in case acquirer is a company) accept joint and several responsibility for the information contained in the Public Announcement.

III. The Merchant Bankers (MBs) are advised to incorporate the lay out and ensure that all the details mentioned herein are given in the Public Announcement. However MB/ acquirer is free to add any other disclosure(s) which in his opinion is material for shareholders provided such disclosure(s) is not presented in an incomplete, inaccurate or misleading manner.

IV. MB should also mention the names and dates of newspapers where the said Public Announcement appeared, in the letter forwarding the Public Announcement (PA) to SEBI.

V. It has been decided to put the public announcements made on or after 1st November, 2001 in terms of the Regulations and the subsequent corrigendum(s), if any, on the SEBI website to facilitate timely flow of information to the shareholders/ investors. MBs are, therefore, advised to forward a soft copy of the said public announcements and subsequent corrigendum(s), if any, to SEBI in HTML format within 2 days of the same appearing in the newspapers along with the printed copy of the same. The soft copy shall be sent along with a duly filled in checklist as per the format given in Annexure I to the format of Public Announcement of the offer.

Stichwortverzeichnis

Über Hengeler Mueller

Hengeler Mueller ist eine Partnerschaft von Rechtsanwälten mit Büros in Berlin, Düsseldorf, Frankfurt am Main, München, Brüssel und London. In der Sozietät sind heute über 250 Rechtsanwältinnen und Rechtsanwälte (davon 85 Partner/innen) tätig.

Hengeler Mueller entstand 1990 als Zusammenschluss der Düsseldorfer Kanzlei Hengeler Kurth Wirtz und der Frankfurter Kanzlei Mueller Weitzel Weisner. Das Düsseldorfer Büro weist eine gut einhundertjährige Tradition in der Rechtsberatung auf. Der Ursprung der Sozietät in Frankfurt geht auf das Jahr 1947 zurück. Die Sozietät eröffnete 1990 ein Büro in Berlin, später folgten Brüssel, London und München.

Der Fokus der Sozietät liegt auf der High-End-Beratung von Unternehmen in komplexen wirtschaftsrechtlichen Mandaten. Hengeler Mueller berät führende deutsche und internationale Industrie- und Handelsunternehmen, Private-Equity-Gesellschaften sowie Banken, Versicherungen und andere Finanzdienstleister. Zu den betreuten Mandanten gehörten in den letzten Jahren 22 der 30 im DAX, 31 der im Euro Stoxx 50 und 14 der 30 im Dow Jones geführten Unternehmen.

Hengeler Mueller ist international präsent und arbeitet in Integrierten Teams mit führenden unabhängigen Anwaltssozietäten zusammen.

Hengeler Mueller India Desk

Hengeler Mueller bündelt seine Kompetenzen in Bezug auf den indischen Markt im Hengeler Mueller India Desk. Diesem gehören sowohl deutsche Anwälte mit Indien-Erfahrung bzw. indischem Background an als auch indische Anwälte mit internationaler Ausbildung.

Der Fokus des Hengeler Mueller India Desks liegt auf der Beratung indischer Unternehmen bei ihren Aktivitäten in Deutschland und auf der Begleitung deutscher Unternehmen bei ihrem Engagement in Indien. Hengeler Mueller kooperiert dabei mit führenden unabhängigen Anwaltssozietäten in Indien und setzt je nach Bedarf Integrierte Teams ein, die exakt nach den jeweiligen Bedürfnissen unserer Mandanten zusammengestellt werden.

Rankings

In unabhängigen Bewertungen der Qualität und des Renommees von Anwaltskanzleien nimmt Hengeler Mueller seit vielen Jahren regelmäßig einen der vordersten Plätze ein. Dies zeigt nachfolgende Auswahl:

JUVE
www.juve.de

Das JUVE Handbuch über Wirtschaftskanzleien listet Hengeler Mueller als das führende deutsche Anwaltsbüro (neben einer weiteren Kanzlei) auf. Seit dem erstmaligen Erscheinen des JUVE Handbuchs 1999 belegte Hengeler Mueller in jedem Jahr den ersten Platz.

CHAMBERS
AND PARTNERS

Das führende Law Directory „Chambers Global – The World's Leading Lawyers for Business" steht Hengeler Mueller in den folgenden Tätigkeitsgebieten auf Platz 1 in Deutschland (ebenfalls teilweise mit einer oder mehreren anderen Kanzleien):

- Banking and Finance
- Capital Markets
- Corporate / M&A
- Litigation
- Investment Funds
- Private Equity

Auch in anderen Rechtsgebieten kommt Hengeler Mueller nach der Bewertung von Chambers eine herausragende Rolle zu. Diese Spitzenpositionen belegt Hengeler Mueller in der Regel ebenfalls seit vielen Jahren.

Legal500.com

Das Law Directory „The Legal 500 — Europe, Middle East & Africa" führt Hengeler Mueller in der Liste der führenden europäischen Wirtschaftskanzleien in folgenden Rechtsgebieten in der ersten Kategorie:

- Capital Markets
- Corporate and Commercial (including M&A)
- Dispute Resolution
- Investment Funds
- Structured Finance and Securitisation
- EU Regulatory

Schließlich wird Hengeler Mueller auch in dem Ranking des Law Directory „IFLR1000" in folgenden Rechtsgebieten an der Spitze des deutschen Anwaltsmarktes gesehen:

- Banking
- Capital Markets (debt, equity and structured finance)
- M&A
- Private Equity

MIX
Papier aus verantwortungsvollen Quellen
Paper from responsible sources
FSC® C105338

If you have any concerns about our products,
you can contact us on
ProductSafety@springernature.com

In case Publisher is established outside the EU,
the EU authorized representative is:
Springer Nature Customer Service Center GmbH
Europaplatz 3, 69115 Heidelberg, Germany

Printed by Libri Plureos GmbH
in Hamburg, Germany